Michael G. Fritz

Der Geruch des Westens

Pendo
Zürich München

für Christine

Frühe Worte

Zwischen Frühjahr und Sommer

Der Weg am Bahndamm, die Gärten mit dem Flieder auf der einen, der dichte Ginster und die Ruten des Sonnenregens auf der anderen Seite, Sand und Schotter und Gras. Im Gras hocken und die Güterwagen zählen. Wie der Flieder riecht. Der Junge schaut gegen die Sonne, ein Licht-Dunkel-Geklimper, im Licht erkennt er den Zaun. Er kommt bis sechzig. Hinter dem Bahndamm der Zaun, hinter dem Zaun die Mauer, hinter der Mauer die andere Stadt, die ist weit weg. Er polkt Schorf vom Knie ab, vom Rand ein Stück, dann noch eins. Das Geklimper hält an, aber er kann nicht weiterzählen, nur bis sechzig. Und noch ein Stück, dann ist der Schorf abgetrennt. In die Stadt darf er nicht, in die Stadt hinter der Mauer, deshalb ist sie weit weg, weiter, als der Zug fahren kann. Wie der Flieder riecht.

Frühe Worte

Herr Priel kam im roten Dreirad die Straße heruntergefahren, mindestens zweimal im Jahr fuhr er die leicht abfallende Straße mit Katzenkopfpflaster, die Ahornbäume säumten, herunter, hupte ausdauernd, bevor er schräg vor unserem Haus stoppte und, indem er mit seinem Holzbein humpelnd das Auto umlief, sämtliche Türen öffnete, um den großen Schleifstein, von dieser, dann von jener Seite schiebend, ausladen zu können. Es dauerte nicht lange, bis sich eine Schlange gebildet hatte, jeder hielt Scheren, Messer, Werkzeuge bereit. Herr Priel ließ den Stein rotieren, dessen Umrisse zu verschwimmen begannen, vor den sprühenden Funken wich ich erschrocken zurück. Ich hatte von meinem Vater einige Beitel erhalten, die nach dem Schleifen wieder neben die Schraubenzieher, Krampen und Nägel ins Regal eingeordnet werden mußten. Dort, im Schuppen, hing der strenge Geruch von Karbolineum in der Luft. Der Tisch war voll von Ölkannen, Töpfen mit Staucherfett, Farbbüchsen und Gläsern, in denen Pinsel steckten, und Terpentin, Farbreste und ausgegangene Pinselhaare ergaben eine dickflüssige Masse, die langsam austrocknete wie die verirrten Fliegen hinter den gelblichen Stores. Ich konnte die Fliegen mit den Fingerspitzen zerbröseln, sie zerfielen gleich verbrannten Papiers scheinbar zu nichts.

Der Raum nebenan trug den Namen Rollstube, weil sich dort die Wäscherolle befand, das abgegriffene Holz der Verkleidung war blank und glänzte in der Sonne. Einmal Rollen kostete zwanzig Pfennig, den Schlüssel gab's bei uns, man mußte nur klingeln. Begann der schwere, mit Feldsteinen gefüllte Kasten zu laufen, hin und her, einer rätselhaften Mechanik gehorchend, schien es, als geriete nicht nur das Wasser in der Wanne der angrenzenden Badestube derart in Bewegung, daß es drohte überzuschwappen, sondern als würde sogar das massive, einstöckige Haus ebenso zu laufen anheben: hin und her.

Aus dem gebogenen, mit Wasser gefüllten Röhrchen auf der Spitze des Glasballons, wo der Apfelwein gärte, entwich in regelmäßigen Abständen Gas, was von einem kleinen dumpfen Ton begleitet wurde, der sich in der Stube ausbreitete, um sich unter die Stimmen aus dem Fernseher zu mischen: vom HB-Männchen oder dem bärtigen Packer von MÖBELKUNST oder am Sonntagvormittag unter die freundliche Stimme aus dem Radio: Der ONKEL TOBIAS vom RIAS ist da. Der Wein mußte von Zeit zu Zeit abgezogen werden; ich war immer erstaunt, daß er dazu gebracht werden konnte, durch den Gummischlauch *aufwärts* zu fließen.

Stubben, Weiher und Kopfweiden, Wrasen in der Waschküche, FALKENHÖHE und SCHMETTERLINGSHORST – diese Worte gehörten dazu, auch SAROTTI und PETER STUYVESANT, sie waren von drüben und schon deshalb was Besonderes. Dann, von einem Tag zum anderen, gab es die Mauer, wodurch drüben erst wirklich drüben wurde. Und ein Wort machte die Runde, das

Wort Flüchtling. Aber ich hatte es schon zuvor gehört. Das Wort hing untrennbar mit dem Namen Brombas zusammen. Im Gartenhaus, auf dem hinteren Teil des Grundstücks, wohnte Frau Brombas mit ihren zwei Söhnen und ihrem Vater; ihren Mann hatte sie, wie es hieß, auf der Flucht aus Ostpreußen verloren. Flucht, was war das, und verlieren, konnte man jemanden dabei verlieren? Als Antwort erhielt ich stets einen unwillig hingeworfenen Satz, in dem die Worte Krieg und Russen die Hauptrolle spielten. Und Ostpreußen? Einer der Söhne trug mitunter eine Weste, von der er behauptete, sie sei aus Bärenfell. Lebten dort tatsächlich noch Bären? Immerhin vermochte der Name Brombas an das Brummen der Bären zu erinnern. Ich wußte nicht, was mich mehr mit dem fremden Land, das Ostpreußen hieß, verband: der Name Brombas oder jene Worte der Frau, die *mein Jongchen* hießen, während sie auf ihren Holzpantinen herantrippelte und mir über den Kopf strich.

Im Winter konnte ich meinen Atem in der Schlafkammer sehen, und das von Schnee bedeckte Dachfenster ließ sich nicht öffnen, weil es zugefroren war. Ich bekam eine mit heißem Wasser gefüllte Kruke ins Bett, wo klamme Decken und Kissen warteten; wo es nach Knochenmark roch, von dem ich gehört hatte, daß es von Pferden stammte, mit dem meine Beine massiert wurden, damit sie gerade werden sollten; wo ich später in Gedanken mit Karin und Regina Kettenkarussell fuhr, nach den Sitzen der Mädchen greifend, um sie darauf abzustoßen: in rasender Fahrt, wie die langen schwarzen Haare von Regina wehten, wie Karin kreischte – ich mußte nur die Augen zumachen; wo ich mich an Waldtraud erinnerte, die zwei Jahre älter war als ich, sie lag mit mir im Ginster und zog sich aus, und ich wußte nicht, weshalb; wo ich von fern die S-Bahn hörte, alle zehn Minuten, und im Transistorradio, dem STERNCHEN, das ich ans Ohr preßte, die SCHLAGER DER WOCHE und vom Geschäft gegenüber die Milchkästen aus Metall, die um Mitternacht auf den Bürgersteig abgeladen wurden.

Und ich hörte ein kurzes, peitschendes Geräusch, gleich danach noch eins. Ein Mann aus der Nachbarschaft, umringt von vielen Schaulustigen, schoß mit seinem Luftgewehr auf Spatzen im Baum in unserem Garten. Wer besaß schon weit und breit ein Luftgewehr? Es war nagelneu und mußte ausprobiert werden. Ich lief zu dem getroffenen Vogel, lief mit ihm in den Schuppen zu einem Bottich, der voller Mais für unsere Hühner war; ich führte seinen Kopf an die Körner. Weshalb versuchte er nicht zu fressen? Beim Anblick von soviel Futter, das gewiß für sein ganzes Leben reichen würde, mußte er doch wieder gesund werden. Aber ich spürte, wie sein Herz aufhörte zu schlagen und wie er langsam kalt und steif wurde.

Der Wind schlug die vertrockneten Ruten des Goldregens gegeneinander; es war ein leises, dürres Klappern, das über das verwilderte Grundstück zog und nur vom Rauschen der Kiefern des nahen Waldes begleitet wurde. Dann fing es an zu nieseln. Ich lag in einer Kuhle, in den Zuckersand gruben die Tropfen mit dunklem Ton kleine Löcher, und jedes Mal, wenn ein Tropfen den Sand erreichte, stieg eine Staubwolke auf. Ringsum wucherten Brennesseln, das Wasser sickerte durch die dünnen Härchen zur Mitte der Blätter, rann von dort zur Spitze, die allmählich unter der Last nach unten sanken. Die Tropfen schwollen an, rutschten endlich ab, im selben Augenblick schnellten die Blätter hoch und ließen die Pflanzen kaum merklich schwanken.

Unser Spiel hieß Verstecken; ich spähte nach den Freunden, die mich suchen sollten. Doch die hatten längst aufgegeben und waren nach Hause gegangen.

Über den See schwamm gravitätisch ein Schwan. Er schwamm schneller, wenn ich stärker blies. Der See war ein Spiegel, der auf dem Tisch lag, der Schwan bestand aus Silberpapier. Er hatte den Rand erreicht und mußte umgedreht werden. Für einen Schwan brauchte man mindestens zwei Tafeln Schokolade, die in Silberpapier eingepackt waren. Aber Schokolade leisteten wir uns nicht, die fanden wir manchmal in den Päckchen von drüben vor. Im Laden gegenüber konnte ich Lakritzestangen kaufen oder Trillerpfeifen aus Karamel oder Brausepulver, das nach Waldmeister schmeckte, was ich aus dem Tütchen in die Hand schüttete und nach und nach mit der Zunge leckte, wo es aufregend schäumte, unterdessen ich gemächlich auf unser Haus zuging.

Sobald nichts mehr zu schleifen war, wuchtete Herr Priel den Stein ins Dreirad und schloß die Türen, er lehnte sich gegen die Kühlerhaube, stopfte die Pfeife mit Tabak aus einer Pappschachtel, auf der KOLUMBUS SILBER stand, und hielt ein brennendes Streichholz an.

Wer lange genug gewartet hatte, durfte in eine Dose mit Himbeerbonbons greifen. Dann klopfte Herr Priel die Pfeife an seinem Holzbein leer, stieg ein und fuhr fort auf der leicht abfallenden Straße mit Katzenkopfpflaster, die hohe Ahornbäume säumten. Und einmal kam er nicht wieder.

Kinderspiel

Die Äste der Pappeln sind mit Eis überzogen, bei Wind, wenn sie gegeneinanderschlagen, gibt's ein Klirren, als wären sie aus Glas, das jeden Augenblick splittern müßte: so ein Geräusch von weither, von mehr als dreißig Jahren. Dazu schrien Krähen, die sich zu gewaltigen Wolken sammelten für den großen Zug und den Himmel verdüsterten. Man mußte die Stimme anstrengen, um gegen sie anzukommen, was aber eigentlich nicht gelang. Und ich verstand nicht, was Bettina sagte, sie lächelte nicht mehr, sie drehte sich um und ging über die Wiese an der Schule, der dicke Zopf, unglaublich altmodisch, wippte auf ihrem Rücken. Wenig später ließ sie mich grüßen im Brief an die Freundin, der Umschlag trug eine Marke von drüben. Ich rannte wie irrsinnig nach Hause, schaltete den Fernseher an, den neuen RUBENS, so oder so, dachte ich, müßte ich sie dort sehen; ich sah nur immerzu Werbung und dazwischen das Telebärchen: COCA-COLA zischt und erfrischt, und wer weiß noch alles. – Die Krähen lassen sich in den Pappeln schaukeln, sie sitzen im glatten Geäst, großen schwarzen Bällen nicht unähnlich, die Kinder im Spiel hinaufgeworfen haben. Doch die setzen über den Graben, mir nichts, dir nichts, die Hände in den Jackentaschen, aus denen sie Knaller ziehen, die sie sich vor die Füße werfen; es dröhnt im Viertel, daß man meint, man müsse sich festhalten. Und sie lassen die Büchse kreisen mit COCA-COLA, was sonst, schließlich sind wir im Westen.

Bildbeschreibung I

Am Stehtisch in der Markthalle, die man Zentralmarkthalle genannt hat und seit langem abgerissen ist, fünf Minuten vom S-Bahnhof Alexanderplatz entfernt, am Stehtisch also hältst du eine Flasche in der Hand, die auf der Platte ruht und deren Etikett den Kopf eines Bocks mit prächtig geschwungenem Horn zeigt. Du trägst Lodenmantel und Schal, immerhin ist es Herbst und die Halle ungeheizt, deine Haare sind straff nach hinten gekämmt, wodurch die Ohren noch abstehender wirken, im Mund wippt eine Zigarette, von der man getrost annehmen darf, daß sie oval ist, filterlos sowieso, und sie goldene Buchstaben zieren, die das Wort ORIENT bilden. Klar, daß du dir zum ersten Bock des Jahres etwas Besonderes leistest, nicht die sonst üblichen REAL oder CASINO, du mußt aufpassen, daß die Asche nicht abfällt. Die Sorte kenne ich nur zu gut, am Abend vor deinem Geburtstag bin ich in das Geschäft gelaufen, meine Finger umfassen die gelbe Pappschachtel, auf deren Deckel sich ein fremdländischer Ort mit Palmen und Moschee ausdehnt, ich schlittere über den festgefahrenen Schnee, falle schließlich, die Schachtel ist, weil ich unbedingt am Tabak habe riechen müssen, offen, und die ORIENT liegen verstreut auf dem Damm. Ich sammle sie im Dunklen ein, mich vor den Autos hütend, immer hoffend, daß sie die Zigaretten nicht erwischen, und zähle achtzehn, wieder und wieder nur achtzehn, ich kann's ja jetzt sagen. Du lächelst rüber zu mir, als hättest du's damals schon bemerkt, hebst die Flasche in Brusthöhe und bewegst die Lippen. Die Wände des Verkaufsstandes hinter dir sind weiß gekachelt, was auf trostlose Weise sauber wirkt, irgendwo hier unten (im Stockwerk drüber gibt's TAUSEND KLEINE DINGE) haben wir zu Weihnachten den Fasan gekauft, seine Federn sind so gelb gewesen wie die Schachtel der ORIENT, im nächsten Jahr stehen wir nach dem Hasen an, der, abgezogen und aufgespannt, tagelang im kalten Schuppen hängt, in den ich mich heimlich schleiche, um das rote, später bläulich schimmernde Fleisch zu berühren, das niemals zu essen ich mir vornehme und dann auch nicht esse. Du lächelst erneut und behältst die Zigarette im Mund, du mußt aufpassen, daß die Asche nicht abfällt. Hörst du die S-Bahn, warte einen Augenblick, jetzt, natürlich hörst du sie, sie zieht unmittelbar an der Halle vorüber, dieses Gesumm, nein, ist kein Lärm, ich bleibe dabei, das Gesumm durchdringt jede Mauer, daß Flaschen und Kruken, Konserven und einladend geöffnete Zigarrenkisten auf den Glasscheiben der Auslagen, von denen Papierservietten dekorativ herunterhängen, leicht, ganz leicht zu vibrieren beginnen. Dreh nur den Kopf, es ist die S-Bahn, die über Marx-Engels-Platz bis Friedrichstraße fährt, nicht mehr weiter. Nach drüben geht's vom andern Bahnsteig, den kann ich nicht mal sehen, weil ihn eine Wand verdeckt; oben, in der Kuppel, läuft ein Posten, das Gewehr auf dem Rücken, überall Soldaten, als wär's im Krieg, den du besser kennst als diese Jungen, die hinterher auf niemanden geschossen haben wollen. In diesem Bahnhof riecht's modrig und feucht nach der nahen Spree, die man im Herbst schon am frühen Abend vor Nebel kaum erkennen kann, und es riecht fremd nach geheimnisvoller Weite am Endpunkt dieser kleinen Welt, die meint, ohne Ende zu sein. Du trinkst, ein paar Meter entfernt, den ersten Bock des Jahres, gelassen, doch auch nicht zu bedächtig, schließlich wirst du erwartet: Zu genau derselben Stunde sehe ich »Abenteuer unter Wasser« mit Mike Nelson oder einen Film von Pelz von Felinau. Es ist höchste Zeit, daß du, nachdem du dir vielleicht eine weitere Flasche genehmigt hast, die abgeschabte Aktentasche aufhebst, die, unter dem Tisch abgesetzt, man nicht sieht, von der ich indes weiß, daß es sie gibt, daß es sie gegeben hat (Mutter hat sie nach deinem Tod, ja, jetzt ist es endlich heraus, ich hab es sagen müssen, Mutter hat sie danach weggeworfen), höchste Zeit, daß du die Tasche unter den Arm klemmst und mit dem Freund gehst, der dich fotografiert hat, durch die Gänge nach draußen gehst. Wenn ich bei der »Abendschau« bin, müßtest du schon vor einer Weile in der S-Bahn Platz genommen haben, dann beginnt Mutter, mich sanft, aber bestimmt auf das Bett vorzubereiten, wärmt Kopfkissen und Decke am Kachelofen, da helfen keine Ausflüchte, ich schinde fünf, bestenfalls zehn Minuten. – Nun stehst du noch, die Zigarette im Mundwinkel, sagst etwas, und ich höre dich, höre dich durch das Gesumm der S-Bahn, das Raunen der Leute, die von Stand zu Stand schlendern, durch das Gespräch der Männer neben dir, durch die lauten Worte der Händler, höre, höre, was du sagst. Du mußt aufpassen, daß die Asche nicht abfällt.

Versuch

Er liegt, wie ich ihn ins Gitter gelegt habe: hilflos auf dem Bauch. Langsam, ganz langsam hebt er den fast unbehaarten Kopf, stützt sich auf die Ellbogen. Den Oberkörper um ein weniges nur zu heben, verlangt ihm alles ab, und die in Falten geworfene Stirn färbt sich tiefrot. Ich beuge mich zu ihm hinunter und lächle. Er soll sich ruhig mühen, noch ein Stück höher, und noch ein weniges, bis er sieht, höher geht es nicht. Alles braucht seine Zeit. Erschöpft sinkt sein Kopf zurück, der Mund ringt heftig nach Luft.

Etwas später indes sehe ich meinen Sohn sich erheben. Er steht auf den Beinen, hält sich spielend aufrecht, als wäre es nichts. Ich traue meinen Augen nicht. Wie kommt er dazu. Ich denke nicht ohne Sorge daran, was wohl mit ihm geschehen sein mag. Als hätte er sich bisher nur verstellt. Etwa wie ein vorgeblich Blinder seinen Stock fortwirft, so überspringt er jetzt mit einem Satz das Gitter, und lachend, laut lachend über den gelungenen Scherz durchquert er den Raum, und ohne einen Blick zurückzuwerfen, verläßt er das Zimmer, das Haus.

Der Geruch des Westens

Der Geruch des Westens

Wenn ich ein Paket von drüben öffnete, abends, damit alle dabeisein konnten, mich neben ihm auf den Fußboden hockte, die Schnur nicht etwa zerschnitt, sondern sorgsam entknotete und zu einem Knäuel rollte, wie ich es als Halbwüchsiger beim Öffnen von Paketen gelernt hatte, die ebenfalls von drüben kamen, wenn ich das Papier zusammenlegte, wobei meine Kinder schon unruhig wurden, ich endlich den Karton aufklappte und die Sachen verteilte, strömte mit ihnen ein Geruch heraus, den ich nur den Geruch des Westens zu nennen vermochte. Es war ein an Parfüm erinnernder Duft, der sämtlichen Dingen in diesem Paket anhaftete, und, indem er betörend in die Nase stieg, von der unendlichen Weite einer Welt kündete, die selbst außerhalb unserer Vorstellung lag. Das Zimmer blieb noch den Abend davon erfüllt, das Spielzeug trug diesen Geruch ein paar Tage, und die Bluse, die Jeans und die Hemden rochen danach bis zur ersten Wäsche. Meine Frau legte dann Seife, die wir Westseife nannten, weil sie auch in den Paketen gesteckt hatte, zwischen die Sachen in den Kleiderschrank, wodurch zwar eine Annäherung an diesen Geruch gelang, er aber nie wirklich erreicht wurde. Wenn wir im Fernsehen das Westprogramm einschalteten oder in einer der längst zerfledderten Illustrierten lasen, die ab und an zu uns drangen und die wir, vor fremden Blicken versteckt, über Jahre hinweg aufbewahrten, um nie müde zu werden, ihnen wieder und wieder etwas Neues abzugewinnen, meinten wir, diesen Geruch zu verspüren, der uns gleichsam auf die Seite der Wissenden schlug. Wir trugen ein überlegenes Lächeln in unseren Gesichtern und nahmen diejenigen, die nicht dazugehörten, nicht mehr ganz ernst. Und die Sehnsucht trieb unser Volk um, wir zogen zu den westlichen Grenzen des kleinen Landes, schauten verschämt über die Mauer in dem als Hauptstadt bezeichneten Teil der Stadt, ließen uns von Soldaten beäugen und verschwanden erst, wenn sie drohend auf uns zukamen, oder wir befuhren den Fernsehturm, um besser in den Westen hineinsehen zu können. Wir konnten uns kaum fassen beim Anblick der breiten Straßen, der unbekannten Autotypen und der Leuchtreklamen und fanden bestätigt, was wir tagtäglich hörten, daß eben jene Grenze zwei völlig verschiedene Welten trennte. Ein bißchen indes fühlten wir uns schon im Westen, sobald wir einen Intershop betraten, beim Aufstoßen der Tür umhüllte uns sofort jener Geruch. Es gab Familien, die Samstag vormittags den Intershop besuchten, zuvor die besten Kleider anlegten, die Frauen schminkten sich sorgfältiger als sonst, und sie nahmen das im Grunde furchtbare Gedränge nicht nur in Kauf, sondern genossen es euphorisch, um vielleicht eine Packung Kaugummi zu erwerben oder eine Schachtel Zigaretten, was wie ein Schatz nach Hause getragen wurde. Als wären wir diesem Geruch verfallen gewesen, übte er eine so magische Wirkung auf uns aus, daß wir ihm um jeden Preis entgegenstrebten. Ich kannte niemanden, der nicht wenigstens einen Reiseantrag gestellt hatte, längst vergessene

Verwandte wurden ausgekramt oder sogar Verwandte erfunden, die man vorgab zu besuchen: Alles drehte sich nur darum zu reisen, ja, es galt als Makel, noch nicht gefahren zu sein. Und als die Mauer wankte, fielen wir heuschreckenschwarmartig in den Westen ein, okkupierten ihn geradezu, was der eigene Staat, der, wie man hört, stets mit diesem Gedanken gespielt, niemals vermocht hatte. Mit aufgerissenen Mündern standen wir vor der Pracht der Gebäude und Auslagen, alles mußte angefaßt werden, man wollte seinen Augen allein nicht trauen, während wir das Öffnen von Bierbüchsen übten und so taten, als hatten wir das schon immer getan, uns dann nach einem Platz umsahen, um die Notdurft zu verrichten, und uns schließlich keinem Zwang unterwarfen, was wir daheim nie gewagt hätten. Wir starrten die eleganten Frauen an, voller Ehrfurcht und auch Scham, weil wir fürchteten, man könne in uns den Ostler erkennen, und suchten dennoch ihre Nähe, wo wir ihm in seiner ganzen Stärke begegneten: dem Geruch des Westens. Keine Abteilung in Kaufhäusern, die Zeitschriften anbot, blieb von uns verschont, kein Heftchen mit bunten Bildern und den gewagtesten Abbildungen, die einem gelegentlich die Röte ins Gesicht schießen ließen, blieb unbeachtet. Letzten Endes wurde weggeschleppt, was nicht niet- und nagelfest gewesen war. Der Geruch sickerte fortan grenzenlos ein, ach was, strömte über uns von einem Tag zum folgenden, daß es schließlich überall danach roch. Er erinnerte zwar weiterhin an den aus den Paketen oder aus dem Intershop, hatte aber bald das Besondere eingebüßt. Einmal hat jeder sein

Westauto gefahren, jeder Gran Canaria gesehen und Palma de Mallorca, man kauft Erdbeeren sogar im Winter, als müsse das so sein, und die Kinder trinken Coca-Cola wie früher Brause. Ja, es scheint, als hätten wir, da wir in diesem Geruch angekommen sind wie nach einer langen Reise in einem Haus, in dem wir allmählich heimisch werden – als hätten wir die Fähigkeit verloren, ihn wahrzunehmen. Mitunter fällt mir wieder die HO an der Ecke ein, die längst geschlossen hat. In den Gängen hing der Geruch von Sauerkohl im Faß, von faulenden Kartoffeln und Milch; viel wurde beileibe nicht angeboten, uns vereinte oft genug das Schlangestehn nach den lächerlichsten Dingen, immerhin, alles roch nach sich selbst. Freunde, die in den Westen gegangen waren, schrieben: Schickt irgendwas, ganz gleich was, es riecht so erdig. Als ich dann die Ostpakete packte, obwohl ich glaubte, nicht richtig gelesen zu haben, das Verlangte für derart abwegig hielt, daß nur jemand, der im Überfluß lebte, jemand von drüben also, auf diese Idee kommen konnte, hatte ich noch nicht das Wort, sagen wir, Stracciatella fehlerfrei zu sprechen gelernt, zweifellos nicht einmal gekannt, wohl aber geahnt, daß es dieses Wort wie viele weitere geben mußte, die zum Geruch des Westens gehörten.

Sightseeing tour

Ein Japaner, ich denke, ein Japaner wird es sein, der am Brandenburger Tor ein Foto versucht, er trippelt, lebhaft gestikulierend, einige Meter von seiner Reisegruppe fort, beugt sich über das Geländer, das ihm wie mir, der ich in dieser Stadt geboren bin, zu überqueren verwehrt ist, entfernt sich noch weiter... Es dauert eine Weile, bis ich begreife: Es liegt an der Fahne auf dem Tor, und noch ein bißchen länger, daß er das ein wenig nach hinten versetzte, aber sonst danebenliegende Gebäude und seine Fahne im Sinn hat, den Reichstag: ein gelungener Schnappschuß, etwas im Bild zu vereinen, was durch die Grenze getrennt, hier schwarzrotgold mit, dort ohne Emblem.

Schließlich muß es ihm gelungen sein. Er kehrt zufrieden lächelnd, die Kamera im Futteral pendelt vor seiner Brust, zu der Gruppe zurück. Und ich, zufällig stehe ich dabei, ich beneide ihn einen Augenblick lang darum, Japaner zu sein.

Anekdote

Lange bevor wir Westen geworden waren, erzählte mir mein Freund in der Kneipe beim Bier von einem Bekannten, der erstmals in den Westen fahren durfte, um seinen Vater zum Geburtstag zu besuchen, und, gerade von dieser Reise zurückgekehrt, die Erklärung dafür gefunden hatte, weshalb dort das Bier in den Kneipen so teuer sei. Fünf Mark, sagte mein Freund, kannst du dir das vorstellen: fünf Mark für ein Bier. Wir hatten beide Antrag um Antrag gestellt, aber sie ließen uns partout nicht raus (ob sie glaubten, daß wir, offenbar unsichere Kantonisten, nicht wiederkämen?). Was uns blieb, waren jene Berichte von drüben, über die wir in Kneipen sprachen, die wir des öfteren, wenn auch nicht regelmäßig, auf der Suche nach einem Platz abgingen, wo man für sich, folglich nahezu ohne Mithörer sitzen konnte. Er trank sein Glas aus (es war nicht das erste an diesem Abend, doch befanden wir uns weit von jenem Zustand entfernt, der einem die Zunge schwer werden läßt), er entzündete ein Zigarillo der Marke SPRACHLOS, dessen Inhalt eher an Packpapier als an Tabak erinnerte, vielleicht sogar seinen Namen diesem Umstand verdankte, hielt das Zigarillo zwischen den feingliedrigen Fingern seiner linken Hand und schaute mich sehr ernsthaft an: Dort bezahlst du das Klo mit, sagte er und blies den Rauch zwischen uns, das halten die viehisch sauber.

Als die nächste Runde gebracht wurde (wir mußten geduldig auf die Kellnerin mit der weißen Spitzenschürze und dem Häubchen im toupierten Haar warten – der Gast hatte nicht auffallend zu winken, zu rufen schon gar nicht: Die Macht der Kellner war grenzenlos –; sie stellte ihr Tablett eher beiläufig vor uns ab und versah ebenso beiläufig die Bierdeckel mit je einem Strich), endlich also, die vollen Gläser in der Hand, zögerten wir keinen Augenblick, um auf die niedrigen Bierpreise hierzulande anzustoßen, wenigstens auf die.

Nachts, auf dem Fahrrad

Kein Mond, nichts beleuchtet mir den Weg, auf dem es kräftig auf und ab geht – ein Geklapper, das alles wach macht: Aus der Wiese nebenan beginnen Nebel zu steigen, die Triebe des Knöterichs greifen wacker nach mir, als wollten sie mich fangen, die Bäume, knorrige Weiden mit Blattwerk wie Pfeilspitzen, stellen sich in den Weg, der wohl zugewachsen sein muß, ein Strauch schlägt mir sein nasses Geäst ins Gesicht: Was störst du unsere Ruhe, Alter. Und gleich gibt's den nächsten Hieb: Hast du kein Zuhause? Ich trete, was das Zeug hält, wodurch das Rad jedoch nicht leiser wird, das rollt an schwankenden Zäunen von Laubenpiepern vorbei, über bettwarmen Asphalt schlaftrunkener Straßen, endlich sehe ich die Reklamewand (maßlos in ihren Dimensionen), hinter der mein Viertel liegt, da springen Pferd und Reiter aus dem Plakat, in scharfem Galopp streben sie auf mich zu, eine Zigarette im Mundwinkel, schwingt der Mann das Lasso.

Die Russen beluden das Lastauto mit Schränken und Bettgestellen und Matratzen. Vor der Ladefläche war eine große Pfütze, in die sie immer hineintraten. Als ein Fernseher aus dem Haus gebracht wurde, packte der Offizier an, der sonst nur danebenstand. Er trug eine Uniform, die anderen Männer steckten in Trainingsanzügen. Frauen mit Kopftüchern reichten Körbe und Koffer hoch und liefen zurück ins Haus. Die Leute auf der Straße gingen vorüber, ohne sich umzudrehen. Während der ganzen Zeit regnete es.

Ende eines Ausflugs

Am Abend gings den Hügel hinab durch laublosen Wald zum Fluß, dann mit der Fähre zum anderen Ufer. Leuchtende Reklame lud mich zum Bier aus dem Westen in die kleine Kneipe, die früher immer geschlossen hatte. Bald lag der Fluß im schummrigen Licht, vereinzelte Weiden und Pappeln in Reihen ragten aus dem aufsteigenden Nebel; die Lichter der schnell dahinfliegenden Schiffe banden den Blick wie die schöne Kellnerin drinnen, die ein ums andere Glas vor mich hinstellte. Der Gastraum zeigte sich von gähnender Leere, bis auf den Tisch nebenan, besetzt von Männern, die dorther kamen, von wo auch das Bier kam mit seinem deutschen Reinheitsgebot von 1516 und was nicht noch alles. Der Weißhaarige in ihrer Mitte wurde von seinen Beamtenkollegen gefragt (es waren Beamte, bemerkte ich mit untrüglicher Sicherheit), ob die denn hier überhaupt arbeiten können. Na ja, antwortete der weise, und dann verließ ihn die Weisheit: Manchmal, sagte er, muß man schon, und er hob den rechten Daumen und drückte ihn langsam, aber bestimmt in Richtung der Tischplatte. Ich wandte mich ab, sah in der spiegelnden Fensterscheibe die Männer um ihn herum sehr ernsthaft nicken und entdeckte anschließend mich selbst, den ich nun eigentlich von schwarzer Hautfarbe erwartet hätte. Ich war verwundert, daß ich mich unverändert fand, und auch die Kellnerin war nicht barbusig und trug keinen Rock aus Stroh, obwohl ihrer reichlich kurz war, und wir ihm, die Männer am Nebentisch und ich (purer Instinkt, der uns für den Moment verband), hinterherschauten, als sie mit elegant gehaltenem Tablett zur Theke schritt. Danach war ich wieder ganz klein angesichts der Beamtenübermacht und trank zudem noch ihr Bier. Ich brach auf und rief hinüber: Wir haben auch gearbeitet, und das nicht zu knapp. – Jedes Wort würde vergebens sein, das wußte ich. Aber sollte ich gehen, ohne Widerspruch anzumelden?

Die Männer unterbrachen unwillig ihr Gespräch. Für das System konnten Sie doch nichts, stellte der Weißhaarige fest. Natürlich, niemand kann was dafür, fiel mir gerade noch ein zu sagen, während ich in der Tasche meiner Hose kramte und meinte, Erdnüsse oder bunte Perlen zutage fördern zu müssen, indes klimperten Münzen in meiner Hand, hartes Geld, versteht sich, das wie Manna über uns gekommen war. Ich zählte es der Kellnerin vor, die mir verschwörerisch zulächelte: zwei Eingeborene, die Bescheid wissen.

Ich tappte hinaus, in der Dunkelheit hätte ich mich unweigerlich verloren, wäre da nicht die Bierreklame gewesen, die mit missionarischem Eifer vielfarbig in die Nacht strahlte und mir, zumindest fürs erste, den Weg wies.

Wege
Bildbeschreibung II

Der Weg ist weiß und staubig, und nur wer einmal gesehen hat, wie trocken dieser Sand werden kann, eigentlich während des ganzen Sommers ist, hat eine Vorstellung davon, was es bedeutet, wenn man sagt: Der Weg ist weiß und staubig. Der Sand wird derart locker, daß man mit dem Fahrrad unweigerlich ins Schlingern gerät und gut beraten ist abzusteigen, um das Rad zu schieben, es sei denn, man erreicht eine Grasnarbe, die nicht breiter als ein Reifen sein muß, über die man aber zur nächsten Grasnarbe gelangt und von ihr vielleicht auf ein Ende festgetretenen Schotters. Man hangelt sich sozusagen den Weg hinan – ein Unterfangen freilich, das nicht jedermanns Sache ist. Wir haben späten Abend, und dieser Weg, der durch eine Laubensiedlung führt, leuchtet wie immer am Abend. Man sieht schon von fern, daß irgendwer kommt, was die Funzeln von Straßenlaternen nie leisten könnten. Der Radfahrer, der hinten, fast am Rand der Fotografie, zu erkennen ist und nicht aufs Bild sollte, muß beizeiten absteigen. Er trägt trotz der Hitze eine Mütze, eine Schiffermütze, um genau zu sein, und eine lange Hose, am rechten Knöchel drückt eine Klammer den Stoff nach außen, damit er nicht in die Kette geraten kann; doch jetzt schiebt der Mann das Rad, stemmt mit der einen Hand gegen den Lenker, an dem eine Aktentasche hängt, hilft mit der anderen am Sattel nach.

Mitten auf dem Weg haben sich Frauen aufgestellt,

sechs, nein sieben Frauen, in zwei Reihen, und lächeln in die Kamera. Sie stecken in Kleidern und hochhackigen Schuhen, ihre Lippen sind rot. – Ach ja, ein Fest. Was wird gefeiert? Eine junge Frau mit kurzen blonden Haaren, ihr Kleid ist ein Nichts, hält ein Sektglas hoch; sie lacht und prostet demjenigen zu, der den Auslöser betätigt. Wie sie lacht – so lacht eine Frau nur einen Mann an.

Hast du uns endlich drauf, sagt sie und meint sich selbst. Die Kinder haben aus Kleidungsstücken Tore gebaut; sie finden kein Ende, weil sie den Ball noch sehen und die Nacht nicht wirklich angebrochen ist (ja, kann man denn nicht erst dann von Nacht reden, wenn es völlig dunkel geworden ist?). Außerdem, keiner der Erwachsenen ruft nach ihnen. Die Tür zum angrenzenden Garten steht offen, wo Männer am Tisch sitzen und Bier trinken, gleich aus der Flasche. Sie blicken nicht hinüber zu ihren Frauen, sie haben ihr Thema; die Gesichter der Männer sind verschwitzt, die Hemden aufgekrempelt, manche haben ihre Oberkörper entblößt. Von Baum zu Baum, sämtlich Apfelbäume, und bis zur Wand der Laube sind Girlanden gezogen und Wimpelketten. Der Hagere mit den hängenden Schultern sagt: Ausländer, überall diese Ausländer.

Das paßt nun gar nicht zu einem Fest.

Aber was soll man machen, sagt der Mann im schwarzen Turnhemd neben ihm, er streicht seinen kahlen Schädel.

Was schon, gibt der Hagere zurück, und die anderen nicken.

Was soll man machen, was. – Die Stimmen werden lauter, sie hallen über den Gartenzaun. Hinten, weit hinter dem Radfahrer ragen hohe Neubauten auf, deren Fenster wie Glassteine in einem riesigen Mosaik blinken. Der Radfahrer quert einen schmalen, betonierten Weg. Die Masten, an denen er sein Rad vorbeischiebt, sind unverkennbar Lichtmasten, indes fehlen die Lampen, die diesen Weg beleuchtet haben. Aber was ist das für ein Weg, wer ist darauf gefahren? Weshalb ist der Weg betoniert, wo alle anderen in der Umgebung Sandwege sind. Auf beiden Seiten existieren weder Häuser noch Bäume, nicht einmal Büsche. Des freien Schußfeldes wegen, denkt man zwangsläufig. Natürlich, längs dieses Weges hat die Mauer gestanden. Das sieht man doch, man muß nur hinsehen. Die Mauer samt Hundelaufgraben und Stacheldraht und in Kübelwagen patrouillierenden Posten. Die Nacht trägt jeden Laut. In den Häusern, den hohen Neubauten im Westen, hat man die Schüsse hören müssen. Was haben die Leute getan, wenn sie davon geweckt wurden; haben sie sich umgedreht und wieder geschlafen, oder sind sie ans Fenster getreten? Was haben sie gedacht?

Es ist nicht Nacht, den Ball kann man ja sehen. Unser Radfahrer, der Mann mit der Schiffermütze, der auf dem Heimweg von seiner Arbeit sein mag und gar nicht auf das Foto sollte, hat den betonierten Weg und die Masten bald hinter sich gelassen, er nähert sich den Kindern. Tor, schreien sie. Das hört man und verfolgt, wie einige die Arme hochwerfen. Und man hört das Lachen der Frau, das dem Mann gilt, der den Fotoapparat bedient. Und man hört die Stimmen der Männer aus dem Garten, die am Tisch sitzen und trinken; sie lassen eine Schnapsflasche kreisen. Nun beginnen sie zu singen. Welche Lieder passen zu diesen Gesichtern? Dürfte der wunderschöne Tag nie vergehen, gibt es weiterhin kein Bier auf Hawaii, oder kommt ein Mädchen vor, das Susanna heißt oder Erika oder gar ein Mädchen, das aus Polen stammt? Polen. Da haben wir es.

Polen oder sonstwas. Ausländer eben, Flüchtlingspack. Wer sagt das zwischendurch, der Mann im schwarzen Turnhemd oder der Hagere mit den hängenden Schultern? Ach, das hätte jeder an dem Tisch sagen können.

Was soll man machen, was?

Was für ein Fest wird gefeiert?

Der Radfahrer schlägt den Lenker ein, um den Toren auszuweichen, er strebt auf ein Stück Gras zu, und gleich, gleich wird er versuchen zu fahren. Doch erst mal setzt er die Mütze ab und wischt mit dem Handrücken die Stirn. So, nun kann man aufsteigen. Gleich wird er die Frauen erreicht haben, die jetzt noch in die Kamera blicken, und er wird die junge Frau mustern, deren Kleid tatsächlich nicht viel verhüllt. Es wird allerdings ein kurzer Blick werden, der Weg verlangt genug Aufmerksamkeit. Vielleicht schaut unser Radfahrer auch über den Zaun, er erkennt das Lied und denkt sich sein Teil. Dann ist er fort. Und sonst, sonst geschieht im Grunde nichts.

Landleben

Der Strich ist gemacht. Der geht übers Land, eine Furche zwischen Feld und Feld. Der Strich geht durch mich, der Strich geht durch dich. Das sagte ich damals, sag ich noch immer.

Im heimischen Garten und in anderen

DER BAUER klingelt nicht, er öffnet selbst das Tor und fährt den Kuhmist auf die Wiese. Der Mann, in aller Frühe wie Pferd und Wagen vor Dampf kaum zu sehen, steckt einen Stumpen an und bläst Qualm in die Luft, dann lädt er mit der Forke ab. Der braune Wallach zermalmt lärmend, aber ungerührt, mein Stück Zucker. Der ganze Garten stinkt, bis zum Abend, wenn ich sämtlichen Mist in die Erde gebracht habe, überallhin in den trockenen Sand (der an Puder erinnert und auch danach genannt wird): zu den roten und schwarzen Johannisbeeren, den Kartoffeln, dem Rittersporn, den Dahlien und Schwertlilien, nicht zuletzt zu den Tomaten, die am sonnigen Platz stehen, gleich hinterm Schuppen mit dem tropfenden Teerdach. Sie werden hochgebunden und mancher Triebe beraubt, damit die Kraft sich nicht verzettelt, ungesäumt in die Früchte steigt; täglich, ich tu, was ich kann, gibt's Wasser aus der großen Zinkkanne, und ich warte, daß die Tomaten Farbe bekommen vor mir, dem sein Haar schnell ergraut.

WIE DAS BLATT des Spatens in die Erde dringt, tief und scheinbar mühelos, wie das Blatt sich wendet und den Sand dazu, was sich nicht alles findet: schneeweiße Kiesel, Schneckengehäuse, sich windendes Gewürm, glitzernde grüne Scherben.

Das hatte ich im letzten Herbst schon, da kann man herauslesen noch und noch, daß es im Zinkeimer klappert, dachte ich und: Das zuunterst Liegende kommt hoch, das Obere kehrt sich mit Schwung ins Gegenteil. Nichts bleibt für immer oben, nichts unten für immer.

DAS EIS auf dem Graben lud zum Schlittern ein, das ächzte und stöhnte, brach aber nicht, ich trug meinen Atem als weiße Fahne voran und hielt mit ausgestreckten Armen die Balance. An manchen Stellen war das Eis so klar, daß ich die fließende Bewegung darunter verfolgen konnte: wie ein windiges Wetter hinterm Fenster. Weiter vorn, wo eine Handvoll Kopfweiden das Ufer säumten, tat sich ein Loch auf, das Wasser schlug hell gegen Steine und trieb allerlei Zeug aus Plaste gegen die Eisdecke, das nach dem Takt des Grabens zu tanzen schien. Ich stieg hoch auf die Wiese, das Eis zwischen dem toten Gras zersprang unter meinen Füßen, die Splitter jagten fort, lauthals klirrend im Untergrund. Die ebene Fläche erstreckte sich bis zum Wald, sie zeigte Maulwurfshügel, die, als folgten die Tiere einem Plan, Figuren ergaben, welche jedoch nie bis ins letzte regelmäßig gebildet waren: Immer fehlten einige Hügel oder fielen aus dem Rahmen. Die Gedanken darüber machten mir den Kopf ganz leer.

GRÜN, SO VIEL GRÜN: an den Seiten der Gänge, die sich hakenschlagend zum Labyrinth auswuchsen, ragten Thujahecken auf, sämtlich übermannshoch und sauber verschnitten, von gleicher Farbe war zu allem Überfluß der Rasen unter meinen Füßen – Grün verhieß an dieser Stätte keine Hoffnung. Ein Hermaphrodit aus Marmor gab mir von seinem Sockel her ein Zeichen, wußte er was? Aber er schwieg, wies gerade noch zu den Satyren, bocksohrig und mit auf dem Boden schleifenden Schwänzen, die ab und an hinter den Ecken erschienen, schmatzend Früchte verschlangen und sich zutraulich zeigten, doch nie für Fragen nach dem Ausgang offen waren. Dann flohen sie vor mir, schallendes Gelächter zurücklassend. Die Gänge weiteten sich zu einem melancholischen Platz samt Springbrunnen, umringt von vielerlei wasserspeiendem Getier und Putten, die mich angrinsten. Ein verfallener Pavillon lud von der Spitze des Hügels zum freien Ausblick. Die Diana indes stellte sich in Positur, holte einen Pfeil aus dem Köcher – oder war's ein Amor, der nun den Bogen spannte? –, gleichwohl, die Putten bliesen pausbäckig zum großen Halali, so daß ich Hals über Kopf zu laufen begann. Ich verschwand in einer lauschigen Nische, wo hinein mancher wärmende Sonnenstrahl fand, Nymphen, schon dicklich und auf dem Zenit ihrer Jahre angelangt, versprachen grenzenlose Freuden. Auch alte Gesangbücher haben schöne Lieder, riefen sie und verschütteten Wein – waren sie betrunken? Die Nymphen schaukelten mich in der Hängematte, süße Musik zog heran, ich schmauchte Zigarren, während sie mir aus der Hand lasen, das Orakel, meinten sie einstimmig, hieß: Mein Los würde sich in diesem Garten erfüllen, alle anderen Orte könnte ich getrost vergessen. Ach, ich tat's ja schon, es war eine Idylle; täglich ihr hübsches Nichts messend, vergeudete ich freudig meine Kräfte, schaute in kein Journal, in keinen Fernsehapparat, weder der König erreichte mich noch der Disput der Parteien, genauso wenig wie jene sonst schier allgegenwärtigen Bilder, die den Konsum feierten, es gab gar nichts dergleichen, und mir fehlte nichts. Aber ich mußte nur den Kopf in den Nacken fallen lassen und die Augendeckel aufklappen, am Himmel die Wolken jagten durchs abgezirkelte Geviert und spielten, spielten was? Einkriegezeck, fiel mir ein. Ich ließ das Wort aus frühen Jahren auf der Zunge zergehen. Einkriegezeck, wiederholte ich. Die Nymphen sahen sich an, jede runzelte die Stirn, als hätten sie bekanntzugeben: Kennen wir nicht. Woher auch, dachte ich, kippte in die Vertikale und trollte mich, allerdings mit weichen Knien. Sollte mir wirklich keine Axt über den Weg laufen?

DAS ZUGEZOGENE VOLK hat seinen eigenen Gesang, der wird um neun angestimmt hinter der Ladentheke auf der Straße und verebbt nach sechs. Aber seine Schilder bieten an: Spar Gel und Mi Ni Tomaten, Strauchen Tomaten, Rot Pa Prika und Proh Koli. Ganz abgesehen davon, daß man eigentlich nicht weiß, woher dieses Gemüse kommt, jedenfalls wohl nicht aus seinem Garten (ist der in Vietnam?), hätte ich nie gedacht, welche Möglichkeiten in der Sprache *meines* Gartens liegen.

DER GRASHAUER entwickelt solchen Lärm, daß man ihn lange hört, bevor er überhaupt zu sehen ist. Erst dann wird klar, es handelt sich um eine Frau, die den Stab mit Motor und rotierendem Blatt hält. Vor meinem Garten macht sie Pause, nimmt den Ohrenschützer ab und schüttelt ihre Mähne. Die Schöne steckt in einem blauen Anzug, wie ihn Arbeitsleute tragen, gehörig wölbt der sich an den entscheidenden Stellen; sie lehnt im Sitzen gegen einen Baum und raucht. Ich werfe Blicke, mein Weg geht von links nach rechts und wieder zurück, einem Pendel gleich, doch immer weiter in ihre Nähe, schließlich winke ich ihr zu.

Meine Wiese müßte geschnitten werden, sage ich, das Gras wuchert und wuchert, ich komme kaum durch mit meinem Mäher. Der Abstecher muß ja nicht umsonst sein, fällt mir ein, ich laß mich auch nicht lumpen.

Die Frau zeigt plötzlich ein wichtiges Gesicht wie jemand, der einen Auftrag hat, von dem einen nichts in der Welt abzubringen vermag, als wäre er von höherer Stelle. Trotzdem öffne ich schon mal das Tor. Sie aber drückt die Kippe aus und ruft schnippisch: Du bist noch nicht dran, wart nur ab. Und als sie mit geübtem Griff quasi ihren Stab anwirft, erinnert das Geräusch für einen Augenblick an das Sausen einer Sense.

Miniaturen über ein Jahr

Vorsatz

Von nun an soll alles anders werden. Ich häute mich in einem fort, lerne, einen Schlips zu binden und ihn Krawatte zu nennen, mache meinen Führerschein und vergesse, warum ich beides nie gewollt habe. Endlich fällt der Groschen: sieben Jahre nach der Zeitenwende. Sieben Leben, sagt man, hat die Katze, mir reichen zwei. Doch danach, wer klopft mir auf die Schulter und wer sieht mich nicht mehr an (es gilt der Spruch: Zeige mir deine Freunde, und ich sage dir, wer du bist)? Wer bin ich dann?

Hornung

Im Taumond schmilzt das Eis, ein Hauch von milder Luft weckt die Lebensgeister: ein jeder besinnt sich auf den anderen. Rinnsale sammeln das Wasser und tragen es fleißig weiter, ergießen sich in Bäche, die in reißende Ströme stürzen, daß es kein Zögern, kein Halten gibt, blindlings strebt alles auf Entspannung in unendlicher Weite der Meere: das Element des Wassermanns. Selbst der alte Narr macht sich auf die Suche nach einer Frau. Er wird nicht froh, umgeben von schwimmendem Getier, verwunschnen Wesen, Nixen; bei letzteren ist die Täuschung vollkommen, sie sind verführerisch und schön, nur fehlt ihnen dort, wo's drauf ankommt, das, was wir Männer lieben. Schwant ihm nicht Jahr um Jahr, daß er die Wasserfrau nicht finden kann? Niemand hat sie je gesehen. Doch unverdrossen jagt er der Chimäre nach und pflegt, was bleibt ihm sonst, den Austausch der Gedanken.

Landstadt

Am Morgen hing dünner Nebel über dem glucksenden Graben vorm Fenster, wo Enten landeten wie auf einem richtigen Gewässer, mit rutschenden Füßen zwischen Blech- und Plastezeug. Das Federvieh paddelte hin und her, spreizte die Flügel und schnatterte munter drauflos. So fing es an, als das Land zurückkam, um sich zu holen, was ihm gehört hatte. Moos entsprang den Ritzen der Gehwege und überzog die Platten, gefolgt von Farn, den der Wald schickte. Aus nahen Wiesen eilte Gras, streute Samen auf Straßen, sprengte Steine und setzte sich fest, Brennesseln gewannen samt Peden an Boden, Butterblumen soweit das Auge reichte, Klatschmohn und Springkraut, von emsigen Insekten umbuhlt. Schon eiferten Ginster und Goldrute um das Leuchten im Gelb ihrer Blüten. Ackerrose und Klee wollten nicht nachstehen, strahlten rot und weiß, daß es eine Pracht war, und wucherten nebenbei die Autos zu im Verein mit Breitwegerich und milddduftender Kamille. Nichts, gar nichts rollte mehr, Bus und Straßenbahn mieden die Gegend, in der man weder Gleis noch Weg erkannte. Den Pappeln am Haus leisteten Eschen und schattige Linden Gesellschaft, Buchen, ja Eichen hielten sich bereit. Die Tümpel und Weiher der Umgebung schwappten über und spendeten dem Graben Wasser, der das rinnsalhafte Bett verließ und seinen Teil zu dem großen Vorhaben beitrug. Er zeigte Stichlinge, Ukeleie und Hechte, längst verschwundene

Käfer, Schnecken, Spinnen kehrten heim. Am Ufer hüpften Reiher wie zum Tanz, machten Störche schnabelschlagend ihrem Namen alle Ehre. Knöterich und Wilder Wein huben an, das Werk zu vollenden, unaufhaltsam suchten sie nach Rissen, nach Spalten, erklommen nebst Efeu mir nichts, dir nichts Wände, drangen durch splitterndes Glas in Räume und Fahrstuhlschächte. Fabriken stellten sämtliche Arbeit ein, weil Pflanzen hartnäckig die Maschinen blockierten, deren Antwort Rost hieß; Wurzeln umklammerten Leitungen, bis sie rissen, polkten an Mauern, daß sie fielen. Kohlen in den Kraftwerken erinnerten sich ihrer fernen Vergangenheit, wurden feucht und schlugen prompt aus. Die hölzernen Möbel und Türen brachten Blätter, ja Äste hervor. Immer dichter wurden die Bäume, das Laub, die Ranken, immer lebendiger das Eisen und der bröckelnde Beton, in dem Häher nisteten, Eulen, Kiebitze und Vögel, für die niemand Namen wußte. Sie gaben das ihre: Der Gesang übertraf jede Erwartung, den nachts vielstimmig Lurche fortführten. Bald gediehen erste Bäume auf den Dächern, wie Kuppen bizarrer Hügel wirkend, zuweilen ragten Antennen in die klare Luft, aber sie störten nicht weiter, Bussarde bedienten sich ihrer als Horst. Das Ziel war erreicht, doch es galt kein Verharren, auf ging's stadteinwärts, langsam aber sicher mit fruchtbarer Kraft, zwischendurch wuchs mir der Bart grün.

WEDER FISCH NOCH FLEISCH, du bist warm und kalt, du lachst und weinst, bist verschwiegen und verschlossen, trägst dein Herz auf der Zunge: frank und frei, bist spröde und voller Scham, weich und offen, noch grün und schon erfahren, weißt genau, was du willst, und gibst, selbst ratlos, Rätsel auf, wankst gleich einem Halm im Wind und hältst doch die Stange, du flüsterst mir was ein und schreist es hinaus, schürst den leise nagenden Zweifel und zerstreust ihn wieder, bei deinen Schritten bebt der Raum und kein Lüftchen bewegt sich wie bei einem Engelflügelschlag, du wachst über meinen Schlaf und raubst ihn mir, dein Haar ist glatt und kraus, du küßt und beißt, umarmst und stößt mich fort, teilst Hiebe aus und gehst mir um den Bart: du mein Komplice und mein ärgster Feind – ohne dich wär ich nicht ich.

Im Mai

für Gretle

Gegen Mittag sammelten sich Wolken, turmhoch, es wurde so dunkel und still wie sonst nur am späten Abend. Plötzlich verschwanden die Vögel, wohin? Versprengte Brummer und Schnaken flohen ins Zimmer, sie hörten nicht auf, an die Fensterscheibe zu stoßen. Manchmal war himmelwärts ein Geraune zu hören, das aber fern blieb. Als sich die Blätter der Pappeln bewegten, ein Flattern, das sie kaum vom Fleck brachte, begann der Regen zu trommeln, die Tropfen groß wie Erbsen und etliche Handvoll, mehr nicht. Später sah es aus, als hätte der Sand eine Gänsehaut bekommen, obwohl er ganz warm war.

In den Wind gesprochen

Pilze, so viele Pilze, Radoměr, wohin man sieht in diesem Wald. Gemächlich schlenderst du mit H., deiner Frau, und die Kinder weichen dir nicht von der Seite: umringt von den Seinen wie ein bärtiger Patriarch. Unterdessen laufe ich vor und zurück, meinen Pilzblick muß ich nicht erst bemühen, es ist, als suchten die Pilze meinen Korb, um quasi hineinzuspringen: Maronen zuhauf und Birkenpilze, manchmal gar eine Rotkappe (sollte man eigentlich nicht in seinen Korb lassen), und Pfifferlinge, mittlerweile findet man wieder Pfifferlinge en masse, sie stehen hier neben dem Weg im hohen Gras, komm Radoměr.

Beim Picknick machen wir uns auf der Wiese lang und trinken nach dem Essen Bier. Wie lange wir uns kennen? Ach, eine Ewigkeit, darüber verlieren wir kein Wort. Doch wir sprechen über eine Autofahrt, die wir gemeinsam unternehmen wollen im nächsten Jahr, eine Fahrt durch's Sorbische, wo du zu Hause bist. Später sage ich schweren Herzens ab, ich weiß nicht mehr, weshalb. Ohne mich also geht's dann über schmale Alleen, hügelauf und hügelab durch Dörfer und kleine Städte, es ist Frühsommer – trink noch einen Schluck, Radoměr –, Anfang Juni, um genau zu sein. Die Jahreszeit zeigt sich von ihrer schönen Seite. In den metallenen Kuppeln der Kirchen blinkt die Sonne, die Dächer der Häuser und Scheunen leuchten rot, links, rechts breiten sich Felder aus, irgendwo blüht ein Schlag Raps: ein gelber See. Kurz bevor die Straße eine

Kurve nimmt, faßt du dir unvermittelt an die Stirn wie immer, wenn dir etwas einfällt. Aber das ist es ja nicht. Das Auto folgt der Kurve nur ein Stück und wird herausgetragen und stößt gegen einen dieser prächtigen Bäume, ohne die man sich jene Straße nicht vorzustellen vermag, eine Ulme oder ein Ahorn? Gleichwohl, du bleibst unverletzt, doch was heißt unverletzt, du bist, ja du bist schon vor dem Aufprall tot gewesen (die Ursache erfahre ich nie), und anstelle des leeren Sitzes neben dir hat sich der Baum gerückt.

Trink aus, Radoměr, trink aus und laß uns weiter Pilze sammeln. Es bleibt noch lange Herbst, wie oft man da in die Pilze gehen kann, ein warmer Herbst, der wie ein Sommer ist.

Kleines Zeichen

Es rast wie ein wildes Tier in meiner Brust, wenn ich das Land endlich flach werden sehe, der Brakenbusch grüßt mit gelben Blüten, seinem Tagchen (womit wohl sonst), gleich raddert der Zug nicht mehr, sondern rattert: Die Worte werden härter und geradezu, wie der Graben Wiesen und Brachen (was zu LPG-Zeiten noch Felder waren) durchzieht, immer begleitet von Pappeln, Kopfweiden, Erlen zuhauf. Die Luft in den Kiefernwäldern riecht nach Harz und Pilzen, sie flirrt, daß es aussieht, als tanze sie mit den Mücken; der Wind raschelt durch lose Borke, die hell- und dunkelrot leuchtet, überhaupt ist's ein heiterer Wald, was auch die Abwechslung macht: Lichtungen, Wege und Tümpel, die Kuhle lädt zum Ausstrecken ein, dem bewegten grünen Filigran auf blauem Grund zu folgen, hin und wieder von Gewölk unterbrochen. Die Chausseen klappern Kirchen und Friedhöfe, dann Dörfer ab, verlieren sich in den Städtchen, um auf der anderen Seite, freilich mit neuen Namen, wieder herauszukommen. Die Kinder auf den Rädern, ihre Gepäckträger sind voller Badesachen, hinterlassen Spuren im weichen Asphalt. Dafür gibt es nur ein Wort.

Der Sommer

Die Nacht ist voller Töne, Katzen schreien wie Kinder, unaufhörlich zirpen Grillen, um sich unter die Stimmen aus den Häusern zu mischen, nebenan werden gar italienische Arien gespielt, wogegen die Autos nichts als ein seltenes Gebrumm sind. Wer mag da schlafen gehen, wenn noch keiner schläft? Die Luft streicht sanft über die Haut und riecht nach Heu, selbst der heiße Beton hat einen Geruch. Ich sitze auf dem Fensterbrett, in gleicher Höhe mit den Kronen der Bäume, und stecke eine Zigarette an, jene Sorte von früher, die's immer nicht gab. Alles ist leicht und weit, als wäre ich trunken, ohne Schnaps zu bemühen.

Aber ich höre schon die Hunde anschlagen, ganz deutlich höre ich das Bellen: Jemand hat sich in die Nacht geschlichen. Man muß Fenster schließen und Rolladen herunterlassen, am besten, seine Decke über den Kopf ziehen. Doch nichts wird helfen, nichts. Die Hunde melden das Ende, das den Namen Herbst trägt.

Abschiedskonzert

Die kleinen Vögel in feierlichem Schwarzweiß sitzen auf den Stromleitungen wie Noten auf ihren Linien. Der Ferne schon nah, schlagen sie unruhig mit den Flügeln und pfeifen auf Deutschland, was das Zeug hält: ein vielstimmiges Durcheinander und Crescendo, als würden sie sich gegenseitig überbieten wollen mit ihren wetternden Tiraden. Die Vögel können von Glück reden, daß sie im nächsten Sommer kein Asyl beantragen müssen.

Vor dem Sturm

Das Land macht sich ganz klein, ergeben ducken sich die Hügel, die Bäume stehen still, nicht mal ein Blatt wird bewegt, um nicht aufzufallen, was das Gebot der Stunde ist. Man hört keine Stimme mehr, keinen vorwitzigen Laut weit und breit, obwohl doch nie Mangel an Gesang geherrscht hat, an großen Tönen schon gar nicht. Was für ein Volk, das jetzt Hals über Kopf in seine Behausung flieht: my home is my castle, neben CASPAR MELCHIOR BALTHASAR und LSR heißt der Spruch überm Eingang: Wir waren immer dafür.

Im Erlenbruch

Viele kleine Gräben, so breit wie ein Spaten, durchzogen die gefrorene Wiese, die ganz weiß war von Rauhreif. Wenn ich auftrat, gab es ein Knirschen und Knacken, als brächen Äste. Die an den Erlen zeigten sich kahl, bis auf die Früchte, welche zuhauf starr herunterhingen. Das tote Holz der umgebrochenen dünnen Bäume war in den Morast geschlagen, auf dem Eis in bizarren Mustern lag, das Blätter einschloß und verrostete Bierbüchsen, Asche und Schilf, aus dem braun die schlanken glatten Körper der Rohrkolben ragten. Sonnenregen und Holunder standen aufrecht, höher, viel höher griff wilder Hopfen und suchte im Geäst nach Halt. Die Kopfweiden, gedrungen und zerzaust, alten Männern nicht unähnlich, beschrieben den Weg. Ich aber tappte mit Baske und offenem schwarzen Mantel umher, hüpfte über das Eis, die Gräben wie ein Rabe, der das Fliegen verlernt hat.

Ein Stück aus dem Winter

In der Nacht ist Frost eingefallen. Die Wiesen, wo sich flache Buden der Versicherungen und Banken aufbauen, deren Dächer dampfen, sind voller Rauhreif, ebenso die Pappeln, die stehen laublos und starr und glitzern in der Sonne. Die Wäsche auf dem Gatter ist hart wie Holz. Bald kommt dein Sohn aus der Schule und will dies und das, und nichts ist getan am Tisch mit der weißen Wand gegenüber. Die Postfrau zieht weiter, ohne was eingeworfen zu haben: schöne Botin, welche immerzu Rechnungen bringt und bunten Werbekram, aber keine Antwort von den Printanstalten. Freilich, in der anderen Zeit ging's auf eine Art rascher, und viel wurde gelesen, manchmal mehr, als einem lieb sein konnte, nicht mal Briefe waren vor neugierigen Augen sicher: oh diese Lust auf fremde Gedanken. Allerorten wurde der Feind gewittert, drei Meilen gegen den Wind, und Zwietracht gesät. – Auch nicht im Traum wünschst du dich zurück.

Orte

Englische Tage

Die Wolken ziehen wie sanfte Tiere am Fenster vorbei; als sie zurückbleiben, sehe ich unter mir Wellen gegen eine dunkle, gezackte Linie schlagen, hinter der sich Land ausbreitet, was mich nicht mehr ruhig auf meinem Platz läßt. Noch ganz von der anderen Seite des eisernen Vorhangs, und als wäre der nicht längst gefallen, ist mir jede Reise in den Westen etwas Besonderes, einem Geschenk nicht unähnlich. Aber leider erreicht es mich zu spät, Welt erobert man sich unter normalen Umständen in jungen Jahren. Doch wann sind Umstände schon normal, und wie lange ist man jung?

Der Taxifahrer, ein Hüne mit geschorenem Schädel und Ringen im Ohr, hastet, mich im Schlepptau, über verwirrende Wege zu seinem Wagen. Crazy, Heathrow is crazy, sagt er und scheint sich erst dann so recht wohl zu fühlen, als er hinter seinem Lenkrad sitzt. Er rauscht los, als gelte es dem Spruch gerecht zu werden: Time is money, der, wie mir einfällt, gar nicht aus hiesigen Gefilden stammt. Die Landschaft ist zunächst flach und grün und erinnert an die heimatliche Mark, dann auf eine Art hügelig, für die ich keinen Vergleich mehr finde. Ein Flüßchen heftet sich an die mäandernde Straße, die durch Städte führt, in weniger als einer Minute sind sie durchfahren; winzige Häuser aus Klinker reihen sich aneinander, alle mit Vorgärten, handtellergroß, die Gärten an der Rückseite sind, um im Bild zu bleiben, Handtücher. Weiden spiegeln sich in dem gemächlich treibenden Fluß, der hier und da Hausboote trägt und Themse heißt. So läßt der Fahrer verlauten; überhaupt ist er derart redselig, daß mein Englisch, ohnehin an Krücken gehend, schlicht überfordert wird. Sein Großvater sei auch Deutscher gewesen und unter dem Kaiser ausgewandert, verstehe ich gerade noch und die Frage, wo ich herkomme. Aus dem Osten, lautet die Antwort. Er stutzt und läßt seinen Blick auf mir ruhen, was ihn jedoch nicht davon abhält, sein rasantes Tempo beizubehalten. Dann fragt er, ob das nicht die GDR gewesen sei.

2

Mein Badezimmer in Cumberland Lodge, halb englisches Landhaus, halb Schloß, ist so geräumig wie das Wohnzimmer zu Hause; in der Mitte, auf einem Marmorsockel, thront die Wanne, die in zwei Minuten volläuft. Beim Baden aus dem Fenster schauen in den Großen Park von Windsor mit den tausendjährigen Eichen und ab und zu am Zigarillo ziehen: Was ist Zeit.

3

Links mußt du fahren, sage ich mir, sie fahren hier alle auf der falschen Seite, also links nun rollt mein Fahrrad mit mir im wehenden schwarzen Mantel durch den Park, dem man die ordnende Hand vieler Hände ansieht: Der Rasen ist kurz wie ein Fassonschnitt und saubergeharkt. Fasane gleiten rot und gelb von den Bäumen in die Felder, von einem in den anderen Grünton, über die noch vornehm blaß der Morgennebel hängt (ist darin nicht eine kleine Krone eingewebt?). Hirsche beäugen mich argwöhnisch, einer gar, mit vorgestrecktem Geweih, will es besonders genau wissen, worauf ich kräftig in die Pedale trete und ein verwinkeltes Dorf erreiche, mehrerlei Häuser, Ställe und Weiher mit Federvieh drauf: ein idyllischer Flecken, wären da nicht die Flugzeuge, die tief über mich hinwegdröhnen, immer wieder, und doch eigentlich rauchspeiende Monster sind. Wenn die Königin vorbeikommt, vierspännig, versteht sich, grüße ich sie von meinem Stahlroß herab und leide des Lärms wegen stumm mit ihr. Aber: Links mußt du fahren, sage ich mir, links.

4

Over the hill and over the bridge, höre ich, habe ich zu gehen, genauso halte ich es und erreiche Eton, bleibe aber noch auf der Brücke: Windsor mit dem alles überragenden Schloß hier, die College-Stadt da, unter mir fließt die ziemlich schmale Themse an Restaurants und Bootsanlegestellen vorbei. Ich atme jene Luft, welche die englische Elite über Jahrhunderte hinweg eingesogen hat und spüre, daß mir die Brust schwillt. Als ich einer Gruppe junger Herren begegne, die, stelle ich beruhigt fest, aussehen wie andere in ihrem Alter, allerdings im Gegensatz zu diesen sämtlich den traditionellen Cut tragen (klassisch schwarz zum geschlossenen weißen Hemd), frage ich mich doch, in welches Jahrhundert ich geraten bin. Die einzig größere Straße in Eton säumen Geschäfte voller Antiquitäten und Galerien mit Bildern aus allen möglichen Epochen (die wohlhabenden Eltern sollen schließlich Gelegenheit erhalten, ihr Geld auszugeben); erst Porträts von Diana, Prinzessin des Volkes, wie man fortwährend lesen kann, weisen mir den Weg in die Gegenwart zurück, desgleichen die wenigen Läden, die anbieten, was ein junger Mann im Internat so braucht: Schreibutensilien, Lebensmittel und bunte Hefte mit nackter Weiblichkeit.

5

Du hast dich ins Wasser geworfen und von dir auf Gedeih und Verderb verlangt, zu schwimmen: Niemand um dich herum spricht deine Sprache, wenn du etwas willst, dann bemühe gefälligst dein Englisch. Und radebrechend suche ich meinen Weg durch London oder lasse mich treiben in der Rush-hour über den Piccadilly Circus (offenen Maules, ich gestehe's ohne Scham, bestaune ich die gewaltige Menschenmenge, auf die jene Leuchtreklame fällt, die sich über mehrere, nach außen gewölbte Häuserfronten erstreckt) und treibe weiter, ziellos weiter durch Straßen und über Plätze, deren Namen ich in dem Gedränge nicht lesen kann. Von niemandem gekannt, wie ich niemanden kenne, ist es, als wäre ich gar nicht da, es sei denn, ich will etwas kaufen, was an allen Ecken und Enden, grenzenlos scheint's, möglich ist. Stimmt aber nicht ganz, jemand, der nicht da ist, wird nicht angesprochen. In einer U-Bahnstation schere ich aus dem Strom der Passanten aus (keep left, werden Schilder nicht müde mitzuteilen, während man auf den Rolltreppen rechts stehen muß, links überholen die Eiligen geschwinden Schritts), schere also aus, um mir, den Plan der Underground in der Hand, die Fahrtroute zu überlegen, da eilt ein Angestellter der Bahn an meine Seite und fragt, ob er helfen könne. Nach meinen ersten Worten wechselt sein Englisch in ein fehlerfreies Deutsch samt freilich englischem Akzent, gibt Ratschläge und verabschiedet sich darauf mit in korrekter Haltung vorgetragenem Auf Wiedersehen, während ich ein Goodbye meine bemühen zu müssen, um mit gleicher Münze heimzuzahlen. – Von wegen allein mit deiner Sprache: Wohin eigentlich muß man noch kommen, um vor ihr sicher zu sein.

6

Treten Sie ein, die Tür zur Kirche St.-Martin-in-the-Fields läßt sich leicht öffnen, Eintritt wird ausnahmsweise nicht verlangt, nehmen Sie im Gestühl Platz neben den Gestrandeten dieser Stadt, die ihr Hab und Gut in Tüten bei sich tragen, und verfolgen Sie die Probe zu einem Konzert von Vivaldi. Schließen Sie die Augen, sehen Sie den Tönen zu, die in die Kuppel, in die Höhen des Schiffs aufsteigen und jeden erreichen (vor Gott und der Musik sind alle gleich) und ihnen die Gedanken entführen, bis sie der Dirigent, mit dem Taktstock gegen das Pult schlagend, zurückbringt.

7

Hallo, sagt lächelnd die braune Schöne zu mir, sie drängt sich geschmeidig an mich, daß ich kurz ihren Körper spüre, dann spult sie einen Wortschwall ab, der mit der vielversprechenden Formel We can make beginnt, alles weitere fliegt unverstanden an mir vorbei. Es gibt Momente, in denen es einen schon grämt, die Landessprache nicht besser zu beherrschen. Ich lächle zurück, zögere jedoch stehenzubleiben, da wendet sie sich ab. Als ich mich nach wenigen Schritten umschaue, geht sie bereits an der Seite eines anderen Mannes. Ich zweifle nicht daran, blindlings hineingetappt zu sein in Soho, jenes Viertel, dessen Ruf, freilich ein übler Ruf, sogar bis in mein vergangenes Ländchen gedrungen ist. Die Leuchtreklame verspricht Girls und Table dance, starke Rhythmen hängen über der nächtlichen Straße, Papierschilder in rot ausgeleuchteten Eingängen berichten von neuen Modellen, was vergilbte Fotos barbusiger Damen in Schaukästen zu belegen versuchen. – Na ja, was ist schon neu. Schlendernd bewege ich mich voran: über belebte und später auch finstere und leere Straßen, stoße aber an der nächsten Ecke auf eine Kneipe. Ob man mehr über ein Land erfährt, wenn man dessen Biersorten kennenlernt? In diesem Pub gibt's anderthalb Dutzend, und ich fange wacker an mit dem, dessen Schild überm Zapfhahn am verlockendsten leuchtet: ein irisches Ale. Mir steht genau so viel Platz zur Verfügung, um mein Glas zu halten und an den Mund zu führen – mehr ist im Grunde ja nicht nötig. Jeder scheint seinem Gegenüber ganz dringend etwas mitteilen zu müssen und, als würde der nicht richtig zuhören, seine eigene Stimme zu steigern, so daß ein beständig zunehmender Lärm den Raum erfüllt, in dem ich nicht weiter auffalle: großstädtisches Laissez-faire, das nicht nach Woher und Wohin fragt und schon gar nicht den zu Hause all zu bekannten Ruf zuläßt: Ausländer raus! Du bist Ausländer, fällt mir ein, und ein bißchen erschrecke ich bei diesem Wort. Es gibt Viertel in jeder deutschen Stadt, da läßt man in gewissen Stunden am besten nicht erkennen, wenn man kann, daß man kein Einheimischer ist. Die folgenden Gläser indes, selbstverständlich mit jeweils einer anderen Biersorte, scheuchen diese Gedanken fort. Zehn vor elf wird das Licht gelöscht und wieder angemacht, der Wirt ruft wie ein Marktschreier: Last order time. Die Gäste bestellen noch einmal auf Teufel komm raus, und um elf, indem Zapfhähne abgeschraubt, Flaschen verschlossen werden, ist unwiderruflich Schluß. Da hilft nichts, kein Lächeln und kein Hallo.

8

Ein Königreich für ein Tuch, das leg ich meinem Weib um, auf daß sich ihr Herz erwärme (außerdem gilt immer noch: Wer in den Westen fährt, hat nun mal was mitzubringen). Aber in diesem Kaufhaus gibt's Tücher, für jeden Tag und jeden Anlaß ein andres, selbst wenn ihr Leben hundert Jahre hätte. Wie soll man da das eine finden? Ein Königreich für ein Tuch.

9

In der Gasse weht mir atemraubend Londons Nebel entgegen, aus dem sich langsam eine Frau löst; zwischen den Klängen eines mechanischen Klaviers, Gläserklirren und rotem Lichtschein steigt Gelächter auf: Soho lebt und erfreut sich derart regen Zuspruchs, daß man sogar anstehen muß. Unwillkürlich taste ich im Horrorkabinett der Madame Tussaud nach Geld und Ausweis, immerhin bin ich Ostler, und so, genau so habe ich mir Verlockungen und Gefahren des Kapitalismus vorgestellt, in einer dessen Metropolen ich erst jetzt wirklich angekommen zu sein scheine. Mein Bild vom Kapitalismus ist eben nicht nur vom neunzehnten Jahrhundert geprägt (Marx läßt schließlich grüßen, der Vater jener Lehre, die man als Erbe der verblichenen GDR gleichsam abbekommen hat, oder handelt es sich gar um eine Mitgift?) – jenes Bild wird wohl auch dort stehengeblieben sein. Die Frau schaut mir starren Blicks bis auf den Grund meiner selbst, bedeutet sie mir nicht mit einer koketten Bewegung des Zeigefingers, ihr zu folgen? Sie ist viel zu unvorsichtig (oder macht die bittre Not sie blind?), hat sie Jack the Ripper vergessen, der ihr doch wenige Schritte weiter auflauern kann? Und dort sehe ich ihn prompt, aber bereits hinter Gittern.

Auf halber Höhe zum Eingang des Cabinet of Horrors, dieses, wenn man so will, ankündigend, steht leibhaftig Hitler, an dem sich die schier unendliche Folge der Besucher vorbeischiebt und auf selbstverständliche Weise seinen Namen zu nennen weiß: Deutsch mit derart vielen Akzenten ist mir noch nie begegnet. Übrigens findet sich das Land, in dem ich jetzt lebe, durch die Herren Kohl und Gottschalk repräsentiert, allerdings im lichteren Bezirk des Etablissements. Das Land, in dem ich früher gelebt habe, kommt nicht vor, deutsche Dichter, wenn ich nicht irre, gibt es hier ebenfalls nicht.

10

Die King's Road im ländlichen Vorort säumen gedrungene Häuser, von Bäumen beschattet, Grund und Boden durch Hecken begrenzt. Auf einer Bank neben dem Hauseingang, genauso alt wie das Gebäude, könnte man denken, sitzt, Pfeife schmauchend, ein Mann, den Schal um den Hals, den Hut auf dem Kopf. Nicht anders, nur umringt von einer großen Kinderschar, saßen sie, wenn sie von großer Fahrt hierher heimgekehrt waren und von fernen Ländern erzählten (nicht ein Erdteil fehlte), von Heldentaten, verbunden mit Namen wie Napoléon, Philipp, Washington und den jenes Herren vor dem Horrorkabinett der Madame Tussaud. All diesen Schlachten sind prächtige Denkmäler gesetzt und den Feldherren, soweit es sich um Briten handelt oder um diejenigen, die mit ihnen auf einer Seite gestanden haben, Denkmäler, die den Blick aufrichten und dabei an die einstige imperiale Größe des Vereinigten Königreichs erinnern und auch noch ein bißchen an die jetzige. Aber hierher, in die King's Road im Vorort kehrten sie zurück, saßen vor den Häusern auf Bänken und stopften Pfeifen, sie rauchten und erzählten ihren Kindern von den Fahrten, bis ihre Frauen sie zum Essen riefen.

11

Samstag nacht eine Zeitung von Sonntag kaufen, dem Schnellzeichner zusehen, der flugs Porträts aufs Papier wirft, Pärchen, die auf dem Bürgersteig tanzen zum Jazz der zwei Musiker, die ohne Unterlaß spielen, an der Ecke ein Glas Tee trinken, meine Zeitung aufschlagen und denken, wie ein Hiesiger (schauen die eigentlich zuerst nach den Börsennotierungen?), und dann, daß man länger hierbleiben könnte, eine Woche oder vier oder sehr viel länger. Fiele es wirklich auf, wenn in dieser Stadt einer mehr leben würde?

Dichtertreffen in Riga

Jetzt können wir reden, sagten die jungen lettischen Dichter, abends, wenn wir unter uns zusammensaßen und tranken, über alles können wir reden, sagten sie, nur nicht über die Unabhängigkeit Lettlands. Aus Moskau wehte ein anderer Wind dank jenem Herrn, der westlichem Wodka seinen Namen lieh, aber den Alkohol in seinem Reich verknappte; über diesen Herrn vermochten sie hierzulande bloß zu lächeln: Was war von einem Russen schon zu erwarten?

Nach den ersten Gläsern jedoch, es gab Wodka, versteht sich, sprachen wir über nichts anderes als die Unabhängigkeit dieses schönen kleinen Landes.

Breslau im November

Jawoll, jawoll, riefen die polnischen Bauarbeiter im Hof des Ossolineums: so laut, daß ich's hören mußte. Haben sie dieses Wort mitgebracht vom Arbeiten jenseits der Grenze oder hat es sich überliefert als Antwort, die womöglich deutscher Obrigkeit zu geben war. Was sind schon fünfzig Jahre. Ich spürte die längst vergessne Last auf mir. Markt und Straßen zeigten sich hell erleuchtet und trotz des Regens noch spät begangen: ein Flanieren, als hätten wir Sommer. Dabei roch es überall nach Kohlenrauch, wie vordem bei uns. Andrzej trank hastig sein Bier, das Glas zum kurzen Schluck an die Lippen geführt und wieder abgestellt; so trinkt man eigentlich Schnaps. Rynek heißt Ring, stellte er zwischendurch klar, Schlesien hat doch zu Süddeutschland gehört, wo der Platz im Zentrum der Stadt Ring genannt wird, im Norden halt Markt. Wir versuchten, die Biersorten durchzuprobieren, gaben aber bald auf. Beim Bezahlen sagte ich zur Kellnerin Dziękuję (sprach ich's richtig aus?); sie warf mir ein Lächeln zu, unvergleichlich in seiner Art. Die Frau hatte grüne Augen, und ihre Haare waren kraus und rot gefärbt. Der Regen hielt bis zum Morgen an.

Übung von j.w.d.

Die S-Bahn fährt aus der weißen Wand hinterm Schreibtisch, findet im Wirrwarr von Gleisen und Weichen ihren Weg, der unter einer Brücke aus Klinker hindurchführt, deren Schatten springt auf, hüpft von Dach zu Dach, ohne vom Fleck zu kommen, die Bahn indes hallt drauflos und zieht rasant an Birken, Weiden und Sträuchern vorbei, um schließlich in sanfter Kurve direkt auf mich zuzuhalten. Im letzten Augenblick flüchte ich zur Seite, das Herz in der Hosentasche, an meinem Schenkel spür ich es schlagen wie den Fahrtwind im Gesicht: den Atem der Bahn, die dunkelrot und ockerfarben ist. Die Fenster machen mir schöne Augen und die Holzbänke sind einladend leer, also hebe ich den Daumen in bewährter Manier. Aber Antrampen gilt wohl nicht, jedenfalls gibt mir der Fahrer die Antwort auf Landessitte, er zeigt 'nen Vogel und braust stur weiter. Dabei könnte er mich, bei etwas gutem Willen, mitnehmen: erstmal über die Oberbaumbrücke (für mich wie eine Fahrt mit dem Hunderter Bus durchs Brandenburger Tor), dann auf der alten Route, dem Südring, den ich seit Kindertagen kenne und der am Schluß auf die Laubenpieperkolonie stößt, nach wie vor in Ost und West gespalten, als sei die Mauer nicht längst gefallen, und mich später in meinem Dörfchen im Brandenburgischen abliefern, am besten in der Nähe vom Vaterhaus, dort, wo für die Spiele sechsunddreißig, wie man an der zwei, drei Grundstücke breiten Straße unschwer erkennt, Linie samt Haltestelle gedacht gewesen sind, die zwar bis heute nicht existieren, doch immerhin scheint vieles möglich, zumal die Bahn mein Zimmer quert. Jetzt leuchtet sie mir was mit dem roten Licht am Heck, das kleiner wird, in der Ferne stetig kleiner, um schräg hinter mir zu verschwinden wie jeden Tag. Auf welche Weise sie wieder zurückgelangt auf die Fotografie an der Wand, bleibt mir ein Rätsel.

Schulzendorfer Blatt

Noch einmal die alten Wege abfahren: also mit dem Rad den Sandweg durch die Wiesen, die niemand mehr mäht, zum Sportplatz am Eichkamp. Der Rechtsaußen mit wehenden Haaren stürmte allen davon, akkurat bis zur Grundlinie, schlug die Flanke, in hohem Bogen flog der Ball jedoch hinter's Tor – immer wieder das gleiche; die Alten vor der Vereinskneipe, Bierflaschen in den Händen, grölten dir was über den Platz zu. Dann holpert das Rad den Weg lang (ach was heißt Weg, der Trampelpfad ist gerade mal zwei Fuß breit), der die Bahngleise begleitet, wo's nach Rost und Brennesseln riecht und nach Jauche von den Rieselfeldern, rechts geht's nach draußen, links nach Berlin: Die Grenze verlief weiter unten auf der Mitte der ewig kaputten Straße wie ein gezogener Strich, die Grenze zwischen Berlin und der DDR, oder man sagte Zone, je nachdem wie man dachte oder wer dabei war. Wollten West-Berliner jemanden hier besuchen – irgendwann nach dem Mauerbau gab's Passierscheine, aber nur für den anderen Teil der Stadt –, mußte auf der Berliner Seite der Straße geparkt und schnell gelaufen werden, schnell und auch unauffällig, wenn das überhaupt geht, auf die andere Seite. Der ABV kam kontrollieren, darin war man eigen. (Was der wohl heute macht, frage ich mich.) Der ausgewaschene Weg durch die Kiefernschonung, die längst zum Wald geworden ist, setzt sich jenseits der Straße im nächsten Wald fort, streift brachliegende

Felder, vereinzelte Höfe, verliert sich auf einem Plattenweg. Die Ausbuchtung im Hügel erkennt man kaum noch als Schießplatz. Manchmal samstags trieb es dich her, Patronenhülsen zu sammeln und aus den Eisenbahnschwellen Projektile zu polken. Das Blei wurde im Kachelofen geschmolzen, in Streichholzschachteln zu Barren gegossen, die eigentlich zu nichts nutze waren. Die Chaussee in der Nähe zieht nach Rotberg und Kiekebusch (wenn der Name fiel, wechselten die Mädchen bedeutungsvoll Blicke und kicherten). Auf den umliegenden Feldern hast du Kartoffeln gesammelt in den Ferien, die auch danach hießen, du bist auf dem Heimweg im Dorfkrug eingekehrt, um für ein, zwei Glas Faßbrause von den eben verdienten Groschen einige auf die Theke zu legen. Kiekebusch und Rotberg – die Orte, soviel steht fest, sind bald nicht mehr, nicht mal die Namen, weil sich der Flughafen lang macht, der sich wie zum Hohn schönes Feld nennt, und die Flecken begräbt unter seinem Stein. Die Leute sollen sich freuen, hört man, sie bekommen eine Menge Geld. Doch hier weiß keiner, wie's wird und vor allem wie laut. Der alte Mann auf der Wiese hebt die Krücke und droht den Flugzeugen, von wo aus ihn aber keiner sieht.

IM FLIEDERBUSCH bauen die Kinder eine Bude, sie schleppen Bretter und Stangen, tragen Decken und Laken, Teppiche und Kissen aus dem Haus. Eine Pude bauen, eine Pude bauen, ruft fröhlich mein Sohn, als er an mir vorüberrennt. Oh ja, ganz und gar ein Kind aus dem sanften Tal der Elbe, formt er selbstverständlich aus dem B das P und umgekehrt, nur an den falschen Stellen. Doch was heißt falsch? Da kann er bloß den Kopf schütteln über seinen Vater, der's partout immer besser wissen will als alle anderen, womit der aber hier allein steht, mutterseelenallein. Wer versagt sich auch so ohne weiteres sein Nu und seine volle Bulle et cetera pp.

Bald sind die Bretter, die Stangen gesägt und genagelt, ist die Bude eingerichtet: gemütlich diese Welt en miniature, dem hiesigen Landstrich nicht unähnlich: Man guckt schon mal nach draußen und wundert sich, was es so alles gibt; indes am schönsten hat man's halt zu Hause: klein, aber mein, wie es seit eh und je gewesen ist. Abends zwitschern die Kinder gleich den Vögeln im Geäst ringsum, sie haben die Fenster längst zugezogen und lassen sich's gutgehen. Über den Blättern flattert eine Fahne, doch im Dunkeln erkennt man ihre Farben nicht mehr.

Kleine Studie

Du hörst die S-Bahn in die Stadt fahren, diese langgezogene Melodie, die über die kahlen verschneiten Flächen zieht und der Erlenbruch nicht aufhält, weder die paar Häuser mittenmang noch das Baumspalier an der Straße; sie sickert durchs Fenster, als wär's extra für dich wie ein Ruf deiner Kinder, und du denkst: Endlich wieder zu Hause, im Krähwinkel. Wo du deine Sprache von früher triffst: also Kute und Stöcker, Weißkäse, der tunlichst nicht Quark genannt wird, und Schrippen heißen Schrippen, punktum, schon gar nicht Semmeln, für Stullen existiert überhaupt kein anderer Name: Worte wie ein Haus, in dem du immer wohnst. Dann hörst du jemanden auf der Straße schreien: Aber'n bißchen plötzlich, sonst komm ick dir rüber – ein Ton, der dich bis ins Mark erschüttert. Man zeigt sich hier von herber Natur und läßt nur sich selber gelten, was natürlich die halbe Wahrheit ist (ganz bekommt man die ohnehin nie), Einfachheit heißt die Tugend des märkischen Schlags, der zur Landschaft paßt, die karg und dennoch heiter ist, nicht ohne Poesie. Es gibt Alleen mit Linden und Buchen, mit Kopfweiden, ja Eichen, da geht dir das Herz auf, und Wiesen, durchzogen von Gräben und mit versteckten Weihern, soweit der Blick reicht, schössen nicht, wie man heute sagt, Gewerbeparks aus dem Boden mit Namen von Firmen, die dir nicht über die Lippen wollen. Ihre Bauten, eigentlich Klopper, überragen die Bäume und machen das Land klein, obwohl es grenzenlos scheint, nun ohne Mauer, und man den Westen, den richtigen, quasi um die Ecke hat. In den nächsten Tagen drängeln die Kinder, sie wollen nach Hause und meinen was ganz anderes als du und dann, ach was weißt du schon, auch wieder nicht.

Neujahrsspaziergang

für Wolfgang

Die Nieritzstraße lang mit der übertünchten Aufschrift am letzten Haus: Auffangstelle Dreikönigskirche, dazu der Pfeil. Beim Neustädter Bahnhof das Hotel Stettiner Hof, wo man durch die Tür Stockwerk um Stockwerk und schließlich den Himmel sieht. Die zerbrochene Bank auf dem kleinen Platz. Am Dammweg fährt ein Zug mit uns um die Wette bis zur Louisenstraße. Luftschlangen und Papphülsen von Raketen und Knallern, durch die schlurfen die Füße, als wäre es Schnee. Überall leuchtende Reklameschilder, Kästners Pornoshop, der erste im Viertel, zeigt seinen hellila Eingang vergittert: Am Anfang sollen die Leute Schlange gestanden haben. Gegenüber die beiden Cafés, ein Treffpunkt von bunten Völkchen, sind ausgebrannt, das gesplitterte Fensterglas liegt auf dem Boden, und an die Wand ist ein Hakenkreuz gesprüht. Freiheit muß erst erlernt werden, sagt jemand. Die Alaun und Rothenburger und Böhmische – der alte Weg im Viereck. Irgendwo geht pfeifend eine Rakete hoch. Es ist zu warm für Schnee.

Ein Stück auf dem Fahrrad

Der Pfarrer, im wehenden schwarzen Rock, nickt mir zu. Wir kennen uns nicht, doch was will das schon heißen. Seit Jahren fahren wir aneinander vorbei, da weiß man, wen man vor sich hat, wenn alles andere im Viertel kommt und geht, das besonders: immer diese Umzugswagen aus dem Land nebenan, und ein Geschäft schließt nach dem anderen, von den Kneipen ganz zu schweigen. Überhaupt ist es weniger bunt geworden, das junge Volk mit bunten Tüchern und langen und kurzen Haaren, auch ein Fahrradvolk, von früh bis spät unterwegs, ist aufgebrochen.

Und die, die hierbleiben, rücken zusammen und grüßen sich fast wie alte Bekannte, werden aber die Frage nicht los, wer ist der nächste.

Nachricht I

»Der Koritke ist tot, er hat sich am Fensterkreuz aufgehängt, mit dem Schal, jeder konnte ihn sehen: am Fensterkreuz, an dem immer die Fahne hing, erst die eine, dann die andere, er hat sich am Morgen aufgehängt, noch im Schlafanzug, der Koritke im ersten Stock.«

Auf der anderen Seite

Es regnet, und sie öffnet das Fenster und schaut herüber. Daneben, in der Dachrinne, wächst seit Jahren eine Birke, die beinahe den First erreicht hat. Hinter der alten Frau tropft der Regen in Eimer und Büchsen und Schüsseln. Das ganze Haus ist schon leer, sie hat die Tür unten verschlossen und den Briefkasten draußen angebracht, man kann nie wissen: eine Frau allein in einem Haus ... Mit geschmeidiger Bewegung zieht sie das Kopftuch straff und nickt herüber, als gäbe es die Birke nicht.

Der Fluß

Ich stehe am Fluß und höre das gewaltige Wasser strömen, gebe, mit offener Hose, mein kleines dazu.

Mir ist, als schwanke der Boden. Vielleicht das Bier, denke ich. Aber da sind die sanften Hügel in Bewegung geraten, kippen vornüber mitsamt der zwischen Bäumen versteckten Häuser. Und der stinkende Fluß fließt rückwärts. Er zieht unaufhörlich mit wippenden Schaumkronen die Bäche und Rinnsale hinauf: ein Tosen, das einem den Atem verschlägt; das Wasser stopft die Mäuler der Abflußrohre, steigt weiter und weiter in die Gräben, spült Flusen braun über die Wege, das glitschige Pflaster. Fische und anderes Getier treiben bäuchlings vorüber, Holz und Plastezeug und allerlei, das keinen Namen trägt – ein jedes sucht seinen Ursprung.

Was jetzt kommt, kommt aus der See, ist aber auch nicht weniger dunkel. Wellen schlagen über mir zusammen, ich schmecke wie zum Beweis das Salz, doch mir will kein Schritt gelingen, reglos bleibe ich stehen und höre das Wasser.

Hechtviertelsonntag

In der hitzigen Enge der Straßen laufen die Schläge der Kirchuhr einmaleinmaleinmal und treffen das Echo und vier Motorradfahrer in schwarzem Leder, welche gerade die japanischen Namen ihrer Maschinen gelernt haben. Sie messen das Karree, also die Leonhard runter zum Bischofsweg, die Meyer zurück in die Fichten, immer wieder. Die offenen Fenster mit Kissen und Decken bleiben verwaist, der Fernseher lockt mit bunten Bildern, endlich nicht mehr das Adlershofer Einerlei. Sperlinge baden im Sand unterm Flieder am Platz, Tauben besetzen die Bänke mit weißen Klecksen und loben gurrend den Tag des Herrn, sie sind lauter als der Zug aus Berlin, der pünktlich von der Rudolphia zum St. Pauli-Friedhof aufbricht, kaum merklich beben die Wände.

Vor der Stadt

Die Häuser stehen einzeln und flach hinter Holzzäunen, Hecken, Bäumen. Über dem holprigen Pflaster flirrt in der Hitze die Luft. Die kleinen Läden heißen nach ihren Besitzern, obwohl manche noch die Aufschrift KOLONIALWAREN auf der Fassade tragen oder HO. Sobald sie über Mittag schließen, ist's wie auf dem Lande, wo das Leben innehält um diese Zeit, nur ein Hahn meldet sich, schreit, als müsse er die ferne Straßenbahn überbieten, und eine junge Frau in Kittelschürze hängt Windeln auf die Leine. Weithin riecht's nach der Elbe, um die sich hierorts alles dreht, sie wird nach dem Hafen breit und verliert sich, so scheint's, in den Wiesen auf beiden Seiten. Und doch geht's mit ihr hinaus in die Welt. Das Schiff aus Plaste mit einem Stöckchen als Mast erreicht in ein paar Tagen die See, wenn nichts dazwischenkommt.

Nachricht II

»In Scharen sind sie eingefallen mir nichts dir nichts ins leere Haus nebenan gefragt haben sie niemanden niemand hat sie gefragt ein Spruchband hing draußen DAS HAUS IST BESETZT das heißt instandbesetzen haben sie gesagt ach jede Nacht das Geschrei die Recorder an wenn sie aus der Kneipe kamen kein Auge konnte man zumachen das Dach ist nicht dicht versottet der Schornstein aber das war denen zuviel die haben zerschlagen was sie vorfanden alle Fenster rausgerissen im Winter die Fenster raus die Rohre platzten das Wasser im Hausflur fror auf den Stufen und wie sie gekommen waren sind sie fort ins nächste Haus irgendwo gibt ja genug.«

Neubauviertel

Der Schatten eines Vogels, der in den Schatten meines Hochhauses eindringt, welcher auf die Fassade des gegenüberliegenden Hochhauses geworfen ist, löst sich in ihm auf, als würde er in einen Raum fliegen, aus dem es kein Entrinnen gibt, während der Vogel unbehelligt seinen Weg fortsetzt.

DIE PRIESSNITZ trägt unaufhörlich Wasser der Elbe zu, das fortlaufende Geplätscher wäscht den Sand weiß und macht, daß die Bierbüchsen rosten und immer kleiner werden, bis sie sich, könnte man meinen, aufgelöst haben in nichts. Weiden greifen in den Fluß und lassen ihre Blätter schwimmen im sandsteinernen Geviert unter Brücken und Brückchen hindurch, an Holzstegen vorbei; wenn's nicht mehr weitergeht, hebt sich der Ast, um die Blätter mit Macht zurückzuholen. Auf dem Baumstamm belauert die Katze einen Vogel, der verstummt, als würde er den Atem anhalten und damit sein jähes Ende vorwegnehmen. Oder liegt's nur am Nachmittag, an dem hier gleichsam auf höhere Order hin Stille einzieht nach Art der Feiertage: Die Straßen sind ausgestorben, kaum ein Auto fährt, und alle Geschäfte müßten geschlossen haben. Aber die Tür vom Bäckerladen klafft sperrangelweit auf, die Verkäuferin, deren Haar weiß ist wie ihr Nylonkittel, lächelt über die Theke (ob sie das, als wir noch Osten gewesen sind, auch schon getan hat?). Die Kuchenkrümel werfe ich ins Wasser, um Forellen zu füttern, ohne freilich auch nur eine zu bemerken.

Begegnung

Abendlicher Gang

Mensch komm endlich, sagte der Mann zu seinem Hund und ging langsam von der Hauswand auf die Straße zu.

Der Hund indes sträubte sich, hob nur widerwillig den Kopf und blickte kurz auf. Geh doch schon vor, sagte er plötzlich in jener selbstverständlichen Art, die keinen Widerspruch duldet, worauf der Mann in seiner Bewegung innehielt, den Hund schweigend anstarrte, als habe es ihm für wer weiß wie lange die Sprache verschlagen.

Begegnung

Der Fluß ist in der Nacht zum Strom geworden, das lehmige Wasser bringt Vieh mit himmelwärts gestreckten Beinen und geblähten Bäuchen, Bäume und Gesträuch – Wellen schlagen wie Steine darauf. Du hältst dich an einem Stamm und rufst mir was zu.

Ich kann nicht, schreie ich vom Ufer, ich kann nicht zu dir.

Du schaust mich an, als würdest du nicht verstehen. Und gleich bist du vorübergetrieben; atemlos laufe ich dir nach. Es ist ein Traum, stimmt's, in dem wir uns endlich wiedersehen.

Ein Traum?

In den Fluten komme ich um, hörst du.

Dir ist nicht mehr zu helfen, rufst du zurück, du bist schon drin.

Die Bäume

Mein Vater, sagte mein Vater zu mir, mein Vater sagte immer, die Bäume im Garten werden in einiger Zeit so groß und anscheinend dergestalt alterslos sein, daß man sich dann nicht mehr erinnern wird, wie es aussah, als sie niedrig waren, ganz zu schweigen davon, als es sie noch nicht gab.

Ich war gerade zehn, der Krieg seit achtzehn Jahren vorbei. Die Bäume haben ihn überstanden, im gleichen Jahr starb mein Vater an seinen Folgen.

Damals stellte ich mir vor, obwohl ich wußte, daß es unsinnig war, wie der einen halben Morgen große Garten zwischen Ziegelbau mit rotem Dach und Laube, zwischen der verfallenden und immer wieder gestützten Mauer an der Stirn des Grundstücks, den haltlosen Zäunen an den Seiten und der an ihm sehr gerade vorüberziehenden Chaussee mit Katzenkopfpflaster, wie dieser Garten ohne Bäume aussehen würde. Nun beginnt sich in mir mehr und mehr die Vorstellung auszubreiten, wie er aussieht, wenn ihn niemand sehen wird – weil es, in gar nicht langer Zeit, vielleicht morgen, vielleicht ein wenig später nur, niemanden mehr geben könnte, der ihn sieht.

FRÜH UM SIEBEN kam leichter Wind auf, der Nebel in dichten Schwaden vorbeitrieb, aber es war nicht kalt, auch nicht, als der Wind zunahm und sich der Himmel von stechender Klarheit zeigte. An der windabgewandten Seite des Hauses begann ich, Fenster zu putzen, vier hohe Fenster, deren obere Teile mit einer Leiter zu erreichen waren. Dann fuhr mir ein Wort durch den Kopf, einem sehr leisen Auto gleich, das unten die Straße kreuzt und man kaum wahrnimmt; ich lief zum Tisch im Arbeitszimmer und rauchte eine Zigarette, wie nebenher entstand ein Satz. Später putzte ich wieder die Fenster, sie spiegelten, daß es eine Pracht war: wenigstens etwas geschafft, das Hand und Fuß hat. Am Tisch folgte dem einen Satz der nächste, die mich in dem Maße, in dem sich das Blatt und darauf noch eins füllte, voranzubringen schienen. Als ich, nachdem ich mich unterbrochen hatte, um einen Kaffee zu trinken, erneut die Seiten herunterlas, waren die Worte auf einmal spröde, sie wollten und wollten sich nicht zu einem Text fügen. Doch es lag, wie ich merkte, nur am ersten Wort, sobald ich mich von ihm mitsamt des ganzen ersten Satzes getrennt hatte – freilich schweren Herzens –, wußte ich den Weg, auf dem es weiterging. In diesem Augenblick begann es zu regnen, ich sprang zu den geputzten Fenstern, um sie zu schließen. Der Regen zeichnete sich selbst: hauchdünne, gezackte Linien auf den Scheiben, gegen die er unablässig und mit schönem Regelmaß schlug: was für ein Geräusch.

Fremde Landschaft

In der Nacht vor der Fahrt nach H. träumte ich, daß mein Freund, einer aus früheren Zeiten, der sich, ich weiß nicht wie, in meinen Traum geschlichen hatte, mit mir durch die Gegend fuhr, auf der Suche nach einem Haus, wo ich einen Schlüssel abgeben sollte. Der Freund forschte, während er lenkte, auf der Karte nach dem Weg, raste auf den Bordstein zu, und ich sah sehr deutlich, was geschehen würde und dann auch geschah: Der leichte Wagen, ein Trabbi, hob ab, überschlug sich, ich wurde hinausgeworfen und beobachtete, wie der Wagen sich weiter überschlug. Später fand ich meinen Freund, umringt von viel Volk, reglos mit blutigem Kopf und dunkel umränderten Augen, war er tot?

Am nächsten Tag ging es im Auto geschwind durch finstre kleine Orte, Hügel rauf und runter, vorbei an schneelosen, aber gefrorenen Feldern im blassen Licht des Mondes, Pappeln verrieten den Lauf des Flutgrabens, kahles Geäst lugte zuweilen ins Fenster: Die Landschaft kam mir ganz vertraut vor, so fremd sie mir war. An den Traum erinnerte ich mich erst, als ich ausstieg.

Die Krähen

Wie Flecken auf einem weißen Tuch: die Krähen am Ufer des Flusses; sie laufen behäbig hierher und dorthin, picken in der Erde unter dem dünnen Schnee. Als sich ihnen ein Mann nähert, er schlägt die Hände gegeneinander und ruft, kreischen sie und erheben sich und fliegen auf die andere Seite des Flusses, als wäre es ein anderes Land.

Das Paar

Er torkelt um das Gerüst herum, das den Bürgersteig versperrt, und es sieht aus, als tanze er zu einer unhörbaren Musik, mit grotesk ausschlagenden Beinen und wiegendem Körper; aber er torkelt und lacht. Dann folgt trippelnd die kleine Frau, sie stützt ihn und lacht wie er.

Es ist heller Samstagnachmittag, auf der Straße ist sonst fast niemand, und langsam kommen die beiden Alten näher. Plötzlich stolpert er und fällt. Er liegt, einem Käfer gleich, rücklings auf den Platten und fuchtelt mit den Händen, die Halt suchen, bis die Frau endlich eine ergreifen kann und ihn hochzieht: eine Bewegung, ohne zu stocken. Sie streicht ihm zärtlich durchs Haar wie einem übermütigen Jungen und führt seinen schweren Arm um ihre Schulter, und langsam gehen sie weiter, Schritt für Schritt, laut lachend und selbstverständlich auf der fast leeren Straße, die nicht enden will.

Blick aus dem Zug

Die Pferde stehen im Regen auf der eingezäunten Koppel, kein Strauch weit und breit, kein Baum zum Unterstellen, über ihnen der dunkle Himmel. Anderes Getier läßt sich nicht blicken, das kennt seine Winkel.

Das Wasser, kleine Rinnsale, läuft an den dampfenden Leibern hinab, vom Kopf und Bauch und Schwanz. Sie sehen stumpf vor sich hin und stehen still, ganz still, und warten wie ich.

Der späte Gast

Der späte Gast

Niemand hat ihn erkannt, niemand nach der Einladung gefragt. Sein Kostüm war Rechtfertigung genug, ihn hereinzulassen. Das lange scharlachrote Gewand mit Hermelinbesatz, aus dem die Glieder eines Skeletts ragen. Der bleiche Schädel unter dem Hut. Die Leere der Augenhöhlen.

Durch die Säle tost Musik. Das Lachen. Der Tanz der Paare: ein ekstatisches Zucken. Die Masken. Das Funkeln der Kleider im Licht der Kerzen. Die Gläser füllen sich fortwährend mit Wein. Uns erfaßt jenes Taumeln, das den Namen Vergessen trägt. Eva. Deine blassen Lippen. Das gekräuselte Haar. Wir haben uns verloren. Tanzt du. Mit wem. Die Wände aus Spiegeln. Manchmal sehe ich dein Haar. Dein Haar ist gelb. Wie der Ginster. Ich winke dir zu. Eine Frau winkt zurück. Bist du es, Eva. Wenn ich die Stelle erreiche, bist du verschwunden. Wohin.

Der eisige Luftzug im Nacken. Ein Schritt nach vorn. Behende nach vorn. Der späte Gast war hinter mir. Er berührt meinen Nachbarn an der Schulter. Ein kurzes Tippen mit der Spitze des letzten Fingergliedes. Die Leere der Augenhöhlen. Der Nachbar steht reglos. Sein Blick gebrochen. Dahinter das Nichts. Es ist kein Kostüm, was er trägt. Wie hat man ihm die Tür öffnen können. Sein Gang ein majestätisches Schreiten. Das Lachen prallt von ihm ab. Nebenher berührt er einen. Und wieder einen. Darauf den nächsten. Maßlos selbstverständlich. Als sei er gewiß, sein Werk ungestört zu Ende führen zu können. Denn keiner bemerkt, daß er unter uns ist. Er. Wann dreht er sich um. Wann erreicht er dich, Eva. Wer ist zuerst bei dir. Ich schiebe hastend die Paare zur Seite. Weiter und weiter. Die Masken. Das Funkeln der Kleider. Die Rücken voller Schweiß. In den Nischen die halbnackten kopulierenden Leiber. Das ewige Auf und Ab. Jene Gesichter, die nichts wahrnehmen, außer sich selbst. Die Gläser füllen sich fortwährend mit Wein. Das Taumeln, das den Namen Vergessen trägt. Wann erreicht er dich. Deine blassen Lippen. Das gekräuselte Haar. Gelb wie der Ginster im Frühsommer. Mit wem tanzt du. Wie ein Lichtstrahl der Gedanke: Es hilft nur ein großer Aufbruch. Ich schreie. Aber der Schrei geht unter in der tosenden Musik. Wann dreht er sich um. Eva, lauf, hörst du. Ziellos dem Ruf nach. Die Wände aus Spiegeln. Treppauf. Treppab. Drei Stufen auf einmal. Überall das gleiche Gedränge. In dem wir uns verloren haben. Er ist da, rufe ich. Rufe ich jedem ins Ohr. Er. Paßt auf. Niemanden wird er verschonen. Ein Tippen mit der Spitze des letzten Fingergliedes. Die Leere der Augenhöhlen. Dahinter das Nichts. Wenn ihr nicht aufwacht. Wenn ihr nicht lauft. Einige applaudieren. Die Worte passen zu meinem schwarzen Anzug. Sie applaudieren und wenden sich ab. Bin ich ein Narr. Weiter. Ach, weiter. Es ist nur die Müdigkeit, Eva. Die Türen. Die Türen sind nicht verschlossen. Ein leichtes, die Stufen hinunter, die Flügel aufzustoßen und hinauszueilen. Noch ist Zeit. Wer nicht aufwacht, liefert sich aus. Es ist nur die Müdigkeit. Die Füße werden schwer.

Doch wenigstens der Ruf: Eva. Hörst du. Bin ich ein Narr. Das Lachen prallt von ihm ab. Dahinter das Nichts. Die Farbe des Nichts ist Scharlachrot. Jetzt dreht er sich um. Dein Haar ist gelb. Wie der Ginster im Frühsommer. Wer kann entkommen. Jetzt sieht er mich. Jetzt. Sein Gang ein majestätisches Schreiten. Wer kann ihm Einhalt gebieten. Wer. Eva.

Der Raubvogel

Er saß Ludwig in der Kehle, der Vogel nahm ihm die Luft und ließ den Hals schwellen, er spürte ihn schwellen, den Schnabel in ihn dringen, die Krallen, Tag für Tag tiefer in sein Fleisch, und Ludwig hatte Angst. Langsam ging er zum Fluß, der die Stadt teilte. Ludwig stand auf einer Brücke und sah den schillernden, durch die Wellen zerbrechenden Spiegelungen der Stadt im Wasser zu, sah die Brücke splittern, sich selbst.

Ich habe Angst, sagte Ludwig zu ihm, ich habe Angst vor dir.

Ich bin deine Angst, erwiderte der Vogel.

Warte, gleich werde ich dich herausreißen, sagte Ludwig.

Ohne mich bist du verloren, sagte der Vogel.

Gläsers Erbe

Das Haus, in dem Gläser wohnt, wird landläufig als verbaut bezeichnet: kleine niedrige Zimmer, in die wenig Licht gelangt, verwinkelte Flure, ständig stößt man auf tote Ecken und Kammern; die dünnen Wände lassen sommers Hitze, im Winter Kälte scheinbar ungehindert durch. Der Plan indes sah Großzügigkeit in allen Belangen vor. Gläsers Eltern betrieben einen mäßig florierenden Kohlehandel, doch mit dem Hausbau weit vor der Stadt hatten sie sich übernommen. Sie bauten hier ein wenig und später dort und mußten unterbrechen, wenn das Geld verbraucht war.

Auf der Fassade über dem Ladeneingang stehen mit schwarzer kräftiger Farbe SIEDLERBEDARF, an den Seiten und weniger fett EISENWAREN, SEIFEN- UND WIRTSCHAFTSARTIKEL, über den Kellerfenstern die weißen Buchstaben LSR mit weißen Pfeilen und unter den Fenstern des ersten Stocks in sehr großen und kantigen Lettern KONSUM: ein blasses Limonadenrot.

Wie soll man damit leben können?

Gläser hatte die Fassade mehrmals gestrichen, doch sämtliche Versuche scheiterten an der Intensität der Aufschriften: schon bald durchdrangen ihre Farben jeden Anstrich.

Es hatte nie an zahlungskräftigen Interessenten gefehlt, die sich einen Umbau und eine neuverputzte Fassade hätten leisten können, wozu Gläsers Mittel nicht annähernd reichten. Einmal war er bereit, das Haus aufzugeben. Dann aber meinte er – nach einigem Überlegen, als er sich fragte, was wohl aus dem Gebäude würde, geriete es in fremde Hände, sollte er anderen, die es nicht kannten, überlassen, etwas daraus zu machen – meinte, es sei im Grunde leichtfertig, sich von dem Erbe zu trennen, das man sich schließlich nicht aussuchen könne.

Unerhörte Begebenheit

für K.

Sie liegt strampelnd auf dem Tisch, und das erste, was mir sofort auffällt, als ich sie sehe, überhaupt zum ersten Mal sehe, da sie nach der Geburt aus der Klinik kommt, sind ihre Augen: sehr wach und groß, und der Blick ist von einer Stärke, als sei sie begierig, alles um sich herum aufzunehmen. Meine Tochter lächelt mich an, schaut darauf jedoch an mir vorbei zur Wand. Verblüfft stelle ich fest, daß die Uhr, die sich bislang dort befunden hat, plötzlich fehlt; ich kann mir nicht erklären, wo sie geblieben sein soll. Das Baby hingegen kreischt vor Freude auf wie nach einem gelungenen Scherz. Sie mustert mich flüchtig, bevor sie sich der Decke zuwendet, die mit einem Mal ihre Lampe verloren hat. Und ohne daß sie mich weiter beachtet, schaut sie rastlos umher, worauf ich nach und nach die Bilder an den Wänden vermisse, die Möbel, bald ist das Fenster herausgelöst, die Krone der Kastanie, deren Blätter immer gegen die Scheiben geschlagen haben – ich kann sie nicht mehr ausmachen. Dann stockt mir der Atem, als sie abrupt innehält, ganz ruhig wird, ihr Lächeln dabei nicht aufgibt und mich mit einem langen Blick ansieht …

Abschied

Aus den Schornsteinen stieg in dünnen Fäden Rauch, mit dem der Wind durch die klare Luft in den Wald fuhr. Über die Pfützen hatte sich Eis gelegt, das Laub an den Bäumen raschelte und fiel herab, die Beeren des Holunders waren verschrumpelt und die Blätter braun und geknickt. Meine Mutter stand winkend auf der Straße, aus der Ferne sah ihr Haar weiß aus wie die Nadeln der Kiefern, auf die Rauhreif gefallen war. Auf den Wegen brach die Erde bei jedem Schritt ein Stück ein.

DU SCHÖNES FREMDES TIER in meinem Buch, du spreizt die Flügel, hast zwei dünne kurze Schwänze, 'nen beinah durchsichtigen Leib. Flieg, solange Zeit ist, merkst du's nicht, du störst. Wenn ich umblättre, gibt es dich nicht mehr. Ich blase, wedle mit der Hand, doch du verkrallst dich ins Papier. Was zieht dich an, sind's die Zeilen, das makellose Weiß dazwischen, das warme Licht der Lampe auf dem Blatt, die du für die Sonne hältst?

Als wärst du in einem andern Land: einem Flüchtling gleich auf der Suche nach Asyl. Ach, mir geht's wie dir, wo die Heimat ist, hab ich vergessen, Asyl find ich nur in meinen Büchern, und wer weiß, ob's die noch lange gibt. Wenn es wem in den Sinn kommt, stampft der ein, das ist wie Umblättern für dich.

Vor dem Anfang

Wenn ich dich umarme, finden die Hände nur mit Mühe zusammen, weil dein Leib einem Berg gleicht, und sobald mich die winzige Beule daraus trifft: ein Arm oder ein Bein oder wer weiß was, fällt mir wieder ein, daß ich euch zwei umarme. Ich stoße sanft zurück, damit die Frage eine Antwort erhält, nichts soll ohne Erwiderung bleiben.

Aber dann ist es still. Ich klopfe erneut gegen deinen Bauch – doch nichts, nichts rührt sich, als habe der in dir genug erfahren, genug vom Draußen. Er kann doch nicht schon jetzt aufgegeben haben, sage ich mir, bevor es ihn eigentlich gibt. Fordernd klopfe ich wieder gegen den Bauch, lege mein Ohr daran, um auch ja keine Bewegung zu verpassen. Nichts jedoch regt sich.

Und was, fällt mir überrascht ein, wenn er sich nun in deinem Bauch genug ist, weder Lockungen noch Drohungen erliegt und sich weigert, herauszukommen, sobald es an der Zeit ist? Was wird aus ihm, was aus uns?

Da sagst du unwillig: Nun laß uns mal, und drehst dich weg und mir den Rücken zu, und ich, allein, warte …

Inhalt

Im heimischen Garten und in anderen

Miniaturen über ein Jahr

Orte

Begegnung

Der späte Gast

Gesetzt aus der Garamond
Satz: Fotosatz Amann, Aichstetten
Druck und Bindung: Freiburger Graphische Betriebe
Printed in Germany
ISBN 3-85842-351-3